THÉORIES NOUVELLES

DE

DROIT CIVIL

EN FRANCE.

DE L'IMPRIMERIE D'A. BÉRAUD,
Rue du Foin Saint-Jacques, n° 9.

THÉORIES NOUVELLES

DE

DROIT CIVIL

EN FRANCE ;

Par Aug^te. CHAUVIN,

AVOCAT A LA COUR ROYALE DE PARIS.

J'appelle la Géométrie le plus beau
métier du monde, mais enfin ce n'est
qu'un métier.

(PASCAL.)

TOME PREMIER.

(Première Livraison)

A PARIS,

CHEZ
{ BÉCHET aîné, Libraire, quai des Augustins,
n°. 57.
LELOIR, rue des Grès.
GOBELET, place du Panthéon.

1825.

Des circonstances impérieuses sont venues changer le plan de ma publication ; au lieu d'un volume, je me vois forcé de ne donner qu'une livraison. J'espère que deux volumes paraîtront cette année, et l'ouvrage ne doit pas en avoir plus de quatre ; je m'efforcerai même de le réduire à trois.

Les mêmes circonstances m'imposent la nécessité de renvoyer à la seconde livraison, un discours d'introduction qu'il m'est impossible d'achever, et qui devait plus naturellement trouver ici sa place. Mon regret est d'autant plus vif et plus profond, que, dans ce discours, j'essayais d'expliquer et de fonder le système d'interprétation qui a donné naissance aux *Théories nouvelles* : j'étais conduit à l'examen de plus hautes questions, j'avais voulu assigner la place de la jurisprudence dans le monde intellectuel . . . . . .

. . . .

. . . .

. . . .

Il est convenu depuis long-temps que l'étude du droit civil est l'étude de toute la vie. On ne doit pas s'étonner de ce résultat, avec la méthode adoptée par tous nos jurisconsultes. Depuis quatre siècles, l'esprit humain a brisé tour-à-tour les divers systèmes à l'aide desquels il avait marché, soit en philosophie, soit dans les sciences exactes; et les instrumens nouveaux ont reçu chaque jour quelque perfectionnement. En jurisprudence, tout a été stationnaire; on a étudié le code de la république, comme l'on étudiait nos vieilles coutumes et les ordonnances de nos rois. Sur chaque question, il fallait combiner le droit écrit, les lois romaines, les variations indéfinies de la jurisprudence coutumière ; aujourd'hui, l'on ajoute à ces élémens la législation nouvelle, et toutes les difficultés n'ont fait que se compliquer (1) . . . .

. . . .

. . . . , ...

. . . .

L'homme est-il donc destiné à concentrer sa vie dans la sphère étroite d'intérêts individuels, à ensevelir ses facultés dans le cercle pénible et routinier d'une raison imposée ! Je ne veux diminuer en rien ni l'étendue ni la profondeur de la science du jurisconsulte ; mais cette science me semble embarrassée de notions étrangères, hérissée de difficultés savantes. La vieille

---

(1) Je ne veux parler ici que de ce système d'éternels commentaires que proclament nos jurisconsultes les plus distingués ; je n'ai rien à dire de ces praticiens d'audience, qui ne voyent de *Droit* que dans les faits de la cause, et transforment *en Code* les plis de leur dossier.

méthode , que repousse la noble destination de l'espèce humaine , est encore destructive de la science : non seulement quelques années doivent suffire pour approfondir le droit civil, comprendre les plus vastes questions , en saisir toutes les faces , et descendre dans toutes leurs profondeurs ; mais les aperçus seront plus vrais , les solutions plus sûres , les déductions plus puissantes , dans un système qui n'admettra comme élémens , que les textes des lois nouvelles et la force intellectuelle.

Mon ministère m'impose l'obligation d'étudier et d'approfondir cette science du droit ; j'accomplirai mon ministère , et, malgré l'aridité du champ, j'y tracerai mon sillon. Mais de plus nobles études m'appellent et m'entraînent....... et s'il fallait sacrifier à une profession , quelque élevée qu'elle fût, et ces développemens hardis de l'intelligence, et ces germes de grandeurs déposés dans l'âme humaine ; s'il fallait abdiquer cette noble portion de notre existence, je repousserais une vie ainsi mutilée, j'abandonnerais sans hésiter la carrière dans laquelle je viens d'entrer. . . . .

. . . .

. . . .

. . . .

Que l'on veuille bien le remarquer ; ce n'est pas contre les vieilles prétentions de quelque praticien obscur que je réclame ici ; il y aurait du ridicule. Un recueil (1) où se trouvent les noms de jurisconsultes et de professeurs distingués, établit bien solennellement cette doctrine, au dix-neuvième siècle :

« Un article du code étant donné, cher-» cher tous les moyens d'en saisir et d'en » déterminer le vrai sens.

» Nous avons pensé que, pour satisfaire » aux conditions de ce problème, il fallait

---

(1) La Thémis.

» principalement examiner les propositions
» suivantes :

» 1° Quelles sont les lois antérieures sur
» la même matière, soit en droit romain,
» soit en droit français ? A quelle source
» les dispositions tralatrices de l'article
» ont-elles été puisées ?

» 2° Dans quelles parties des ouvrages
» préparatoires sur le Code civil, tels que
» projet de code, observations des cours
» d'appel, trouve-t-on des renseignemens ?

» 3° Quelles sont les difficultés élevées
» sur le même article et résolues soit par
» les arrêts, soit par les auteurs ?

» 4° Parmi ces difficultés, en est-il qui
» aient été résolues uniformément par les
» arrêts ?

» 5° En est-il sur la solution desquelles
» tous les jurisconsultes soient d'accord ?...

» Au bout de quatre ans, à peine se
» trouve-t-on familiarisé avec le vocabu-
» laire du droit ; on est docteur, et si l'on
» se croyait en état de promener ses re-
» gards sur le vaste horizon de la science,

» on ressemblerait à un enfant qui prend
» pour les limites du monde les montagnes
» qui bornent sa vue. . . . .

. . . .
. . . .
. . . . »

Quand l'Empire romain se fut accru
jusqu'à l'immensité, que les relations individuelles eurent pris une consistance et
une multiplicité encore inconnues, de labo-
rieux et savans jurisconsultes s'efforçaient
de présenter leurs connaissances, comme
l'œuvre la plus haute et la plus difficile
qu'il fut donné à l'homme d'accomplir.
Cicéron ne faisait pas un livre pour montrer que leur science était facile à acquérir, que leurs connaissances étaient sans
élévation, leurs développemens sans no-
blesse ; mais je n'ai point acquis le
droit de dire aux jurisconsultes de mon
temps : « Primùm dignitas in tam tenui
» scientiâ quæ potest esse ? res enim sunt
» parvæ, propè in singulis litteris atque

» inter punctionibus verborum occupatæ.
» Etiamsi quid apud majores nostros fuit
» in isto studio admirationis, id enuntia-
» tis vestris mysteriis, totum est contemp-
» tum et abjectum. Sapiens existimari
» nemo potest in eâ prudentiâ, quæ neque
» extrà Romam nusquàm, neque Romæ,
» rebus prolatis, quidquam valet. Peritus
» ideò haberi nemo potest, quod ideò, quod
» sciunt omnes, nullo modo possunt inter
» se discrepare : difficilis autem res ideò
» non putatur, quod et per paucis et mi-
» nimè obscuris litteris continetur. Itaque
» si, mihi, homini vehementer occupato,
» stomachum moveritis, triduò me juris-
» consultum esse profitebor. » (*Cicero pro*
Murenâ.)

Qu'importe la raison écrite *des Romains*
quand la France a promulgué ses lois !
MM. Ducauroy et Blondeau ont beau
se débattre, invoquer dans leurs chaires
et dans leurs livres *la pureté des textes,* ou
l'autorité des principes; à peine contrai-
gnent - ils quelques élèves impatiens de

l'appel et des ordonnances à se grouper autour d'une chaire solitaire. Personne ne veut ni les écouter ni les lire ; les connaissances de ces deux professeurs sont pourtant incontestables, mais ils ne veulent pas voir que tout les a débordés. Vous nous parlez sans cesse des Pandectes et des Instituts, de Papinien et de Caïus ; vous nous imposez ces textes et ces commentaires : ne sommes-nous donc que d'indignes bâtards, et les grands jurisconsultes de Rome ont-ils emporté dans la tombe cette force d'intelligence nécessaire pour combiner toutes les législations du monde? Sommes-nous condamnés à nous traîner sur des traces effacées, à rassembler quelques appuis tronqués, à recueillir quelques pierres sans ciment pour bâtir notre nouvel édifice? Rome n'alla pas chercher l'explication de ses lois chez les peuples étrangers, ni surtout chez des nations que le temps avait dévorées. Les douze tables et la raison suffirent à ses jurisconsultes et à ses magis-

trats. Nous aussi nous avons nos tables, nous avons de plus les discussions publiques du conseil législateur (1). Les divers projets de nos assemblées et de nos jurisconsultes, les observations de nos cours, et cette foule de documens authentiques qui sont là comme autant de phares lumineux pour éclairer l'interprétation de la loi. Suivons un si noble exemple, et cherchons dans le Code civil, avec notre seule force intellectuelle, la solution des problêmes que peuvent présenter des rapports épineux et difficiles . . . .
. . . .
. . . .

En vain interrogerait-on les restes du

-----

(1) Nous ne développerons pas ici le titre de *législateur* que nous donnons au conseil d'Etat; il ne faudrait pas posséder deux idées politiques pour voir ce pouvoir législatif dans un autre corps à cette époque. Le gouvernement consulaire n'était pas autre chose qu'un gouvernement absolu, réclamant les services des hommes capables et s'entourant des lumières de la société.

grand empire : quelques feuilles recueillies çà et là dans les ruines d'une ville engloutie nous diront-elles quelle fut cette immense cité, quels furent ses habitans, ses mœurs et ses lois ; noircies par les feux d'un volcan et rongées par les vers. Que d'années pour les lire! que d'incroyables et d'impuissans efforts pour les recomposer ! Est-ce à quelques marbres brisés, à des tombeaux entr'ouverts, à quelques ossemens épars que l'on ira redemander les puissances de la civilisation et toutes les formes animées de la vie sociale. . . . . . ?

. . . .

. . . .

. . . .

En trouvant sur sa cheminée le premier commentaire du Code civil, Bonaparte s'écria. « *Mon code est perdu!* » La rapidité de son génie avait parfaitement saisi ce que devaient être ces commentaires. Voudrait-on se souvenir de l'importante séance du 5 vendémiaire an X, où le premier consul disait dans son Conseil-d'État, « qu'en général le projet de Code civil » ne laissait pas assez de latitude aux tri- » bunaux, qu'il n'était pas assez dogma- » tique. Si la loi n'indique pas le but » qu'elle veut atteindre, et n'explique pas » ses intentions, on décidera souvent » contre son vœu par l'analyse de ses dis- » positions. » Le citoyen Boulay dit : « que » le procès-verbal levera les doutes et » expliquera l'intention de la loi. »

. . . .

Quand on étudie les besoins généraux d'une époque et les tendances d'une so- ciété en masse, on est conduit à une va- riété de détails, on aperçoit une foule de rapports dont on n'eût pas même soup- çonné l'existence si l'on n'eût long-temps analysé et apprécié les habitudes en ap- parence les plus indifférentes, les nuances les moins distinctes dans le caractère et la vie des hommes qui composent cette société. Mais, s'il s'agit des besoins et des intérêts individuels, s'il faut organiser des garanties pour ces relations si innombrables et si fugitives, pour ces relations qui tiennent la plupart du temps à tout ce qu'il y a de secret et d'intime dans la vie de famille ; quelle série d'idées délicates, de rapports imperceptibles, il faudra traverser pour arriver à cette législation ! combien elle serait monstrueuse, la loi qui viendrait s'imposer au milieu des familles, froissant violemment tous ces liens si chers, ces habitudes si enracinées. . . .

. . . .

. . . .

. . . .

Si les relations civiles tiennent à des faits si nombreux, à des causes locales si variées, comment appliquer à un peuple moderne une législation faite il y a des siècles, faite pour un peuple étranger à nos mœurs, à notre climat, à nos besoins, à notre genre de vie, à nos dispositions natives ? N'est-ce pas lui appliquer une règle prise au hasard, en désaccord avec tout ce qui a dû la faire choisir dans des temps quelconques (1)? Comment placer ces pyramides, vastes tombeaux des rois d'Égypte, dans les étroits caveaux de Saint-Denis? Ne faudrait-il pas auparavant envahir d'immenses terreins, renverser les fondemens et les voûtes du temple. Quand la barbarie a passé sur des nations, quand les individus se sont retrempés dans les forces énergiques de l'existence sauvage, peut-on découvrir les

---

(1) Nos jurisconsultes sont loin d'être aussi difficiles : le plus fameux, M. Hugo, dit dans son introduction à l'histoire du droit romain (pag. 27 et 28): « L'expérience journalière apprend que l'utilité de « l'histoire extérieure et intérieure du droit Romain ne « tient nullement à ce que cette histoire soit indispen- « sable dans le travail du cabinet ni dans les affaires. « Il y a des jurisconsultes, fort habiles du reste, qui « savent à peine un seul mot de l'histoire du droit..... » etc..... Il est vrai que M. de Savigny s'est fait le chef d'une *école historique ;* mais *l'histoire* était impossible à faire. Du reste, je suis bien fâché de ne parler que des jurisconsultes allemands; mais nos juristes français, et entre autres MM. de la Thémis, se sont véritablement faits *jurisconsultes à la suite.*

vestiges d'une antique civilisation dans des développemens nouveaux , dans des combinaisons absolument différentes? La civilisation moderne a une sève qui lui est propre ; replongés dans la barbarie, nous recommençons la vie sociale.

De tout ce luxe d'érudition romaine il ne nous resterait donc que des textes bruts et matériels à appliquer , sans savoir précisément pour quels faits, dans quelles circonstances ils ont été rédigés. Nous avons un Code nouveau fait pour les besoins nouveaux , garantie des intérêts actuels ; faudra-t-il l'abandonner pour des législations étrangères, et imposer à la France ce recueil de règles discordantes , amas confus de conjectures sans limites , d'interprétations bizarres et de textes inintelligibles.

Cette méthode d'étudier les lois par le but qu'elles ont voulu atteindre, par les faits qu'elles ont voulu régir, par le système des causes qui les ont produites ; cette méthode, dis-je, brille d'une telle évi-

dence, qu'elle a été unanimement suivie
là, où l'on n'a trouvé ni traditions exi-
geantes ni commentaires élaborés. Dans
un ordre d'intérêts que les sociétés modernes ont seules connu , dans nos lois
politiques et administratives, nous n'avons
aucun de ces énormes in-folio qui acca-
blent nos rayons, et font le désespoir de la
jeunesse ; et cependant c'était surtout aux
lois civiles qu'il fallait appliquer cette méthode. Les rapports politiques ont dans
leur nature une physionomie assez géné-
nérale et assez prononcée pour qu'il soit
facile de les qualifier et de les régir ; ils
portent, pour ainsi dire , avec eux-mêmes
la raison de leur existence ; mais dans
les relations civiles, c'est véritablement
ignorer une loi qu'ignorer les faits qui ont
entouré son berceau : on est obligé de tout
généraliser, et c'est dans cette généralisa-
tion que la loi se révèle partielle et entière. On s'est bien gardé d'abandonner la
vieille ornière; on avait longuement étudié
l'ancienne jurisprudence ; on avait passé

sa vie à fouiller les lois romaines : est-il possible de renoncer à tant de travaux? On s'est efforcé de les rendre nécessaires, et en vérité on y a presque réussi. Toutes les notions ont été souvent confondues à un point qu'il est difficile de retrouver et de reconnaître la loi française, sous les décombres sous lesquelles on l'a enseve-lie. . . . .
. . . .
. . . .
. . . .

Je ne sache rien de plus ignoble que cette résolution de la vie humaine en articles de la loi, et en formules de procédure; précisément parce que l'ignoble se cache sous un extérieur d'élévation et de gravité. Rien n'abaisse tant la petitesse que de la rencontrer auprès des grands objets de la vie, les institutions sociales...
. . . .
. . . .
. . . .

J'aurais voulu montrer ici l'influence

d'études ainsi dirigées sur la religion et la politique (1). . . . .
. . . .

Rien ne marque mieux les progrès de la décadence de l'empire romain que la place de plus en plus étendue que la jurisprudence vient y occuper successive-

---

(1) Rien n'atteste mieux la malheureuse influence de l'étude du droit civil, que le passage suivant écrit en toutes lettres par le plus grand jurisconsulte de l'Allemagne, M. Hugo, dans son histoire du droit romain (tome 1, page 487). « Le peuple, en pre-
» nant ce mot dans l'acception la plus étendue (po-
» pulus), ne se composait encore que des Romains
» proprement dits. Cependant le nombre des citoyens
» était devenu tellement considérable, qu'il est sur-
» prenant qu'il ne soit pas venu en idée, au lieu
» de les faire voter tous individuellement, d'élire cer-
» tains d'entre eux, qui seraient chargés de repré-
» senter tous les autres et de voter pour eux. Il y
» avait en effet des citoyens qui étaient obligés, à rai-
» son de leur domicile, de parcourir plusieurs milles
» pour se rendre à Rome, et en outre on ne pouvait
» jamais être sûr qu'il ne surviendrait pas une cir-
» constance quelconque qui empêcherait l'assemblée
» du peuple d'avoir lieu. »

ment ; et Montesquieu me semble s'être éloigné de la vérité , quand il a dit que les variations multipliées du droit romain ne pouvaient s'expliquer que par le trafic honteux que Justinien faisait de ses juge-mens et de ses lois. Une fois entrés dans les voies étroites des commentaires et de la jurisprudence , jamais ce but ne peut être atteint ; la génération des hypothèses particulière est infinie..(1) Il serait curieux de présenter pour ce fait les déductions

-----

(1) Un recueil d'arrêts rédigé par M. Dalloz et une société de jurisconsultes vient d'être prôné dans les journaux par MM. Berville et Barrot ; c'est le digne complément du malheureux système qui combine nos lois civiles. Ce n'était pas assez de laisser à la jurisprudence l'empire qu'elle a déjà : sous prétexte de réléguer quelques arrêts inconnus ou déchus, on rassemble , on invoque les plus fameux; on soutient les doctrines diverses qu'ils présentent ; ces doctrines s'élèvent les unes contre les autres. Laissez faire ces messieurs, ils sont impatiens de ne voir les contradic-tions que dans les commentaires , ils voudraient leur donner une légalité quelconque. On recueille main-

que Montesquieu a si admirablement en-
chaînées pour d'autres faits, quand il a re-
cherché les causes de la grandeur et de la
décadence des Romains. Je promets d'y
revenir. . . . .
. . . .

Que l'on observe l'Allemagne dans ces
derniers temps ; les professeurs de droit
les plus célèbres, Moser, Piiter, etc., fa-
cilitent le renversement des constitutions
germaniques. Ces hommes que l'on avait
vus applaudir aux événemens politiques
qui, en ébranlant le midi de l'Allemagne,
aidaient au développement de la législation civile ; ces hommes que l'on avait
vus sourire à la puissance du conquérant,

---

tenant les plus *sages dispositions*, on leur imprime
un caractère spécial : c'est ainsi que l'on commença à
Rome; Justinien arriva et l'informe digeste fut une loi
rigoureuse et inintelligible. Si nos jurisconsultes arrivent au pouvoir, je ne désespère pas de voir le recueil
de M. Dalloz remplacer un code trop laconique.
Dix volumes in-4° feraient bien mieux notre affaire.
M. Berville l'a déjà dit, *ce sont les Pandectes fran-
çaises.*

réduisant les princes et les rois à créer des universités ou à réorganiser quelques corps enseignans; ces hommes, nous allons les voir bientôt se soulever d'indignation, quand le glaive impérial veut toucher l'arche sacrée, les vieilles lois qu'ils étaient en possession d'étudier et d'enseigner, ces lois sur lesquelles chacun d'eux avait entassé des volumes....... nous les verrons combattre un projet digne de l'Allemagne, celui de faire une législation propre aux états de la confédération germanique, dégagée enfin des lois romaines et des incertaines traditions des commentateurs.... MM. de Savigny et Hugo entrèrent dans la lice, il s'agissait d'opter entre une législation positive et la science du droit, la science du droit triompha ; là où il y a une législation positive, les jurisconsultes perdent singulièrement de leur puissance. . . . .
. . . .

Dans ce dernier siècle, lorsque le brutal philosophisme de la sensation frappait de mort les puissances morales de la France, lorsque ses débordemens brisaient insolemment tout ce qu'une nation a de cher et de sacré; quelle résistance opposèrent, quelles réclamations élevèrent ces générations nourries de lois romaines et de jurisprudence? Tout fut entraîné; .... et que l'on se souvienne de cette noble lutte des vieux théologiens allemands contre toute l'influence de la cour de Frédéric et des beaux esprits de France; où puisent-ils cette force nouvelle contre des sarcasmes commandés à Paris et soldés à Berlin? Voyez-les combattre à la fois la philosophie du monarque, les prestiges du héros, la force des novateurs, et l'entraînement de l'Europe entière. En France, l'incrédulité triomphe, les Diderot et les d'Holback apparaissent..... Mais cette nation allemande, empreinte encore de ses croyances, forte de ses études philosophiques, ne pouvait se traîner sur de pareilles traces. Soulevée par l'enthousiasme de la vérité, elle continue son ardent essor. ... Viennent Leibnitz et Kant. . . . .

Et pourtant dans l'ancienne monarchie française, où Louis XIV recrutait ses conseillers dans la chaire..... les parlemens devaient prendre leurs publicistes sur le banc des avocats...... Il y a, dans cette étude prolongée de la jurisprudence, quelque chose de mesquin et de multiple, qui s'oppose à toutes les conceptions élevées, à toutes les grandeurs morales. Quel rapport y a-t-il entre les profondeurs de l'âme humaine et les tristes combinaisons du droit civil? Pour qui ne connaît que des légalités, il n'est ni relation intime, ni émotions impénétrables. . . .. pour qui ne connaît que des légalités, qu'est-ce que cette religion si mystérieuse dans son origine et dans ses puissances? et comment étudier l'histoire, comprendre la nature des sociétés politiques....! Il s'agit bien aujourd'hui de déchiffrer des pages illisibles, et de recomposer des textes mutilés; le monde entier s'ébranle, les sociétés vont-elles s'écrouler? serons-nous pour jamais arrêtés dans les routes éternelles de la perfectibilité? Il faut le dire; c'en est fait de tous les perfectionnemens indivi-duels ou collectifs, si les puissances de la religion ne se régénèrent, si l'on n'aban-donne tous ces mobiles honteux d'une nature dégradée..... C'est aux méditations religieuses et politiques qu'il faut appeler la jeunesse française; c'est de la vie de l'homme qu'elle doit vivre, c'est elle qui doit réédifier les croyances nationales, et reconstruire un monument frappé de la fou-dre. Qu'elle trouve des fondemens et des étais..... Quelle cesse donc des recherches oiseuses et des études futiles. Quel appui pour la religion et la liberté, que cet in-forme et ridicule assemblage d'antinomies expliquées et de versions contredites ! Que le tonnerre vienne à gronder sur le pays, et il n'y aura plus qu'une vile poussière. .

. . . .

. . . .

La situation philosophique de la France est difficile à comprendre; il faut embras-ser le domaine possible de l'enthousiasme, et le champ désormais conquis de l'intelligence. Autant il est absurde de retrancher de la nature humaine sa portion la plus noble et la plus élevée, autant il est ridicule d'imposer l'instinct et l'exaltation. Des objets qui étaient restés dans une nuit profonde, sillonnés seulement par quelques éclairs, ont été produits au grand jour. L'enthousiasme a de sublimes illusions; mais il périt devant la lumière plus sûre de l'intelligence. Celle-ci a tendu constamment à envahir le domaine du sentiment; elle l'a refoulé dans des régions de plus en plus étroites. Indestructible dans son essence, mais facile à atteindre et à blesser; impuissant à soutenir cette lutte de détail, l'enthousiasme s'est retiré dans les plus intimes profondeurs de l'âme humaine. Long-temps il a semblé vouloir se venger, par son silence, de l'affront de son adversaire.... Il est un point que la raison n'a pu franchir, malgré l'impatience et l'orgueil de ses efforts; là s'était retiré le sentiment, défiant toutes les puissances de la terre d'y pénétrer; là, règne une obscurité éternelle et absolue , qui ne peut être dissipée que par les foudres du ciel.

C'est là qu'il faut combattre et triompher ; c'est là qu'il faut rassembler toutes les forces de l'existence morale , tous les hauts développemens de l'humanité, toutes les puissances de l'enthousiasme. Il s'agit de la vie ou de la mort de l'espèce humaine. La terre deviendrait-elle un *sépulcre vide,* où *l'on n'apercevrait pas même d'ossemens!*

. . . .

Et pourquoi ne pas le dire…. Qui n'a regardé briller ce phare de la gloire , si merveilleux par l'éclatante variété de ses flammes , et la puissance mystérieuse de ses attractions! Qui pourrait se résigner à vivre sous cette lourde atmosphère du droit civil , que peut à peine agiter un souffle aride et desséchant ; désert où la stérile nature ne jeta que des ronces et des pierres, où le voyageur fatigué ne rencontra jamais l'ombre d'un laurier….

Infatigables docteurs , dont les noms

retentissent sous les voûtes de nos écoles, dites, quelle gloire ont conquise et vos éternelles veilles et vos immenses travaux ? Depuis Cujas et Barthole, jusqu'à Merlin et Toullier, avez-vous cessé d'échanger la poussière des bancs et l'obscurité de l'audience, contre la poussière et la nuit du tombeau ? . . . . . .

Mais le ministère de l'avocat n'absorbe pas les facultés d'un homme, il n'envahit pas la vie entière. Il reste une place encore pour les combinaisons des grandes vérités de l'histoire et des plus hautes conceptions de la raison humaine ; il reste une place pour ces études philosophiques et littéraires, qui font le charme et la dignité de l'homme sur la terre ; il en reste une surtout pour ces révélations intimes de la conscience, pour les analyser et les produire sous cette forme simple et vraie, qui entraîne les convictions et fonde les croyances. . . . . . .

Pourquoi le temps et la réflexion ne viendraient-ils pas achever ces travaux commencés dans l'ardeur et l'exaltation de la jeunesse? S'il est impossible de cueillir les palmes du génie, on a du moins ennobli son existence, et l'homme s'est rapproché du ciel....... Non, l'avocat ne ressemsemblera pas à cette fille de Cybèle, entraînée sur le char du dieu des ténèbres, jetant un triste et dernier regard sur les vastes champs de la Sicile, sur ses fleurs et ses belles campagnes. . . . .

Je termine : je transcris ces notes au hasard, j'ai jeté pêle mêle ces idées, le temps presse, et la nécessité commande... —Je n'ai pas voulu reproduire des solutions déjà données, ni des choses déjà dites ; j'écarterai même cette foule de petites difficultés dont nos livres sont remplis, et qui doivent disparaître devant des principes largement posés. Parmi les théories les plus importantes de notre droit civil, plusieurs ont été faussées, plusieurs ont été complètement méconnues ; et des solutions sont encore à donner sur les points les plus ardus. J'esseyerai de rétablir les unes, et d'exposer les autres.

. . . .

THÉORIES NOUVELLES

DE

DROIT CIVIL.

ARTICLES 25 — 27 — 29 — 30 — 31.

—

L'INSTITUTION de la mort civile fut si longuement discutée dans le Conseil-d'État, les opinions
diverses furent si lumineusement développées;
et l'on posa les bases du projet de loi avec tant
de précision, qu'une difficulté était impossible
sur les effets généraux de cette mort civile, à
moins de torturer les principes et de défigurer
les textes.

Deux systèmes principaux partagèrent le conseil sur la condamnation par contumace; dans
le premier, l'exécution par effigie entraînait
immédiatement la mort civile, sous la condition
résolutoire du décès du condamné, ou de sa
comparution dans l'intervalle de cinq années;
dans le second, une interdiction complète frappait le condamné; mais la mort civile ne le sai-

sissait qu'à l'expiration des cinq ans. Ces deux systèmes avaient un fondement commun, *la fixation d'une époque où la mort civile serait définitivement encourue ;* et le terme de cinq ans fut choisi. Après ce terme, il était bien entendu que le contumax ne pourrait jamais obtenir un jugement rétroactif, et que les successibles étaient saisis irrévocablement. « Dans l'an-
» cienne législation, dit le C. Tronchet, le délai
» de cinq ans n'était pas exclusif ; seulement,
» pendant la durée, le contumace ne jouissait
» pas des droits civils ; mais, à quelque époque
» qu'il se représentât, on recommençait la pro-
» cédure ; et si le condamné était absous, le ju-
» gement avait un effet rétroactif.... La section
» propose de substituer à ce système une sus-
» pension de la mort civile et des effets qu'elle a
» pu produire pendant cinq ans. Vouloir qu'un
» homme, exécuté par effigie, ne soit pas réputé
» mort, par rapport aux droits civils, c'est vou-
» loir qu'un mort soit regardé comme vivant. »
Le projet de la section ne fut combattu que sous le point de vue de la *suspension :* on était donc d'accord sur le terme *fatal* de cinq ans, que la mort civile fût résoluble ou suspendue. Aussi, le C. Boulay disait-il, au commencement de la séance du 6 brumaire an 9, pour résumer les discussions d'une séance précédente : « La diffé-
» rence essentielle entre les deux opinions con-

» siste en ce que le conseil regarde la mort ci-
» vile comme absolue du moment de l'exécution
» par effigie, et que la section du tribunat pense
» qu'il ne doit y avoir d'abord, et pendant les
» cinq ans de la contumace, qu'une interdic-
» tion légale ».

La mort civile ayant frappé le contumax à
l'expiration des cinq années, avait forcément
ouvert sa succession ; et le condamné ne pouvait
plus alors que se faire réintégrer dans la vie civile pour l'avenir. Mais cette nouvelle vie lui
était-elle imprimée par le seul acte de sa comparution, ou un jugement était-il nécessaire ?
Cette question se trouvait ré olue par les principes admis précédemment : on avait limité à cinq
années le droit du contumax d'anéantir le
jugement par sa présence ou par sa mort : aucune
faveur ne devait être prolongée au-delà de ce
terme : il ne restait donc que le droit rigoureux
de faire constater son innocence. S'il eût été
dans les vues du législateur que la comparution, après les cinq ans, devînt un bénéfice pour
le condamné, les procès-verbaux nous présentent quelques traces d'une pareille intention.
Quand on annulle un jugement, il vaut la peine
de s'en expliquer. On avait bien pris soin de déclarer explicitement que, dans le délai de cinq
ans, la comparution du condamné faisait tomber de plein droit toutes les procédures dirigées

contre lui ; et cette déclaration assurément était superflue. C'était l'occasion de parler de cette nouvelle faveur après cinq années, lorsque le C. Tronchet disait au Conseil : « Si le » contumax meurt pendant le délai, il meurt » absous, parce qu'on suppose qu'il se serait re- » présenté, et que, s'il n'a pas jusque-là usé de » cette faculté, c'est que des obstacles insur- » montables l'en ont empéché : au reste, il n'était » pas en faute, *puisque le délai n'était pas ex- » piré....* S'il comparaît, *ses héritiers doivent » lui rendre sa succession,* et sont réputés » n'en avoir jamais eu la propriété....»

Un commentateur a cependant méconnu ces principes ; M. Delvincourt (1) a prétendu que le condamné par contumace pouvait, jusqu'à l'expiration des vingt ans, prescrits par l'art. 635 du Code d'instruction criminelle, ressaisir la succession qui n'avait été ouverte que sous une condition résolutoire : il a prétendu qu'après cinq années, la représentation du contumax ressuscitait de plein droit le mort civilement. Comme on l'aperçoit, M. Delvincourt a violé la parole du législateur, quand elle s'est prononcée d'une manière formelle ; il l'a suppléée quand il a cru qu'elle ne pouvait le démentir. Voyons

---

(1) *Voyez* les *Institutes de Droit français* de M. Delvincourt, dédiées à l'Empereur Napoléon.

du moins si ces deux opinions trouveront une jus-
tification quelconque dans les articles qui régissent la matière.

Sur la première; l'art. 27 porte que la mort
civile est encourue au bout de cinq ans, et l'art.
25 met l'ouverture de la succession au nombre
des effets de la mort civile : l'art. 30 ajoute
qu'après les cinq ans, le contumax ne peut plus
que rentrer dans les droits civils pour l'avenir.
La conséquence est directe et forcée ; le contumax, après le délai accordé, ne peut donc jamais
reprendre aucun des droits qu'il a perdus. Comment échapper à la rigueur de ces textes? On s'est
réfugié dans le Code d'instruction criminelle.
L'art. 471 de cette loi sur l'administration et le
compte des biens séquestrés, a paru déroger à la
loi qui institue la mort civile. Je sais bien que
M. Delvincourt avance que, sous le Code civil
lui-même, *il ne pouvait se faire à l'idée d'une
mort irrévocable ;* mais il est clair, pour qui
sait lire les art. 25-27-30, que cette prétention
n'est pas sérieuse; pour la soutenir, il faudrait
nier les premiers élémens du langage, et je ne
veux pas croire à une telle absurdité. Aussi n'a-
t-on pas risqué un seul effort sur le terrein du
Code civil, à moins que l'on n'appelle de ce nom
la sensation douloureuse qu'éprouva le professeur-doyen, *à la vue d'un mort réduit à l'indi-
gence, tandis que ses héritiers jouissent tran-*

quillement de toute sa fortune (1). Je ne parle
pas de cette allégation insignifiante *que le contumax est assez puni par le séquestre de ses biens,
par la privation de l'exercice de tous ses droits...
qu'il a pu se croire obligé de disparaître jusqu'à
ce qu'un heureux hasard fasse éclater son
innocence.* C'est vraiment dans le Code d'instruction criminelle que l'on a cherché des étais ;
et l'art 471 est le fondement du système.

Dans cette disposition sont régis les biens des
condamnés par coutumace en général. Le Code
civil avait tracé les régles particuliéres, auxquelles sont soumis les biens des contumax
morts civilement. Si quelque opposition existe
dans le prescrit de ces diverses règles, faut-il
absolument abroger les unes par les autres, et
argumenter de la loi de 1808 contre celle de
1803 ? N'est-ce pas une vérité vulgaire en législation, que les lois générales ne dérogent point
à des dispositions spéciales ? et cela devient une
vérité incontestable, s'il entre dans la spécialité
des élémens qui changent, en partie, sa nature.

____

(1) Qui aurait jamais imaginé cette sensibilité prodi-
gieuse de M. Delvincourt ? Cela me rappelle un Procureur
du Roi tout fulminant de réquisitoires, qui s'est pris à
verser des torrens de larmes à la lecture de certaines pages
sur l'*adoration des Fétiches.* Je l'avais bien dit, il faut
que la nature se fasse jour.

Or, la peine de mort civile venant à se combiner avec la condamnation par contumace ,
il en résulte sur quelques points une position
absolument différente ; un état tout nouveau
commence d'exister : cet état nouveau n'a-t-il
pas dû emporter un régime particulier ? Comment serait-il donc permis d'invoquer , contre la
loi qui organise la contumace des morts civilement, une disposition générale sur la contumace
des *condamnés pour crime* ? Il faut , au contraire, que ces deux lois reçoivent une application simultanée ; les élémens généraux de la
contumace , même dans la situation du contumax de la mort civile , seront régis par les art.
465 et suivans du Code d'instruction criminelle ;
les élémens combinés et nouveaux de contumace et de mort civile seront régis par les art.
25, 27 et 30.

Mais, en examinant les articles qui sont opposés par M. Delvincourt, on ne rencontre pas
une idée , pas une expression qui puisse fonder
la moindre argumentation. Que veulent, en
effet les art. 465 et 471 ? *Que le séquestre soit
apposé sur les biens du contumax , que le
compte du séquestre soit rendu , au bout de
vingt ans , à qui il appartiendra.* Qu'im-
portent ce séquestre et ce compte au caractère
définitif de la mort civile ? Dire que les biens
seront séquestrés , et qu'il y aura un compte

du séquestre ; est-ce dire que les biens du condamné lui seront restitués , même après le délai de cinq ans ? On n'a pas voulu apercevoir que la question n'a point changé, qu'elle est toujours de savoir à qui le *compte du séquestre devra être rendu*. Il faut en revenir à se demander sur quelle tête ont résidé les biens du condamné, pendant les vingt années de l'article 472 ; sur la tête du contumax mort civilement, ou sur la tête des successibles ? On avoue que le condamné a été dépouillé de tous ses droits par l'ouverture de sa succession ; conséquemment, les biens séquestrés n'ont pu reposer que sur les successibles. Mais on veut qu'il n'en ait été ainsi que sous je ne sais quelle condition résolutoire : alors j'arrête l'auteur, et je lui demande où est écrite cette condition résolutoire ? Qu'il ne nous parle plus du Code civil ; il est désormais démontré que, dans le système des art. 25, 27 et 30, les héritiers sont irrévocablement saisis. Et si l'on se concentre dans le Code d'instruction criminelle, on reconnaît qu'il ne s'agit que de formes d'administration, de séquestre, de compte. Encore une fois, les art. 465 et 471 ne touchent nullement la question de propriété : le point de savoir si le mort civilement peut ou non rentrer dans ses biens ; ce point, dis-je, reste dans toute son intégrité.

Il y a plus : la loi civile et la loi criminelle , que l'on veut opposer l'une à l'autre , ne se contrarient aucunement dans leurs dispositions respectives sur les biens des contumax ; elles se renferment , chacune , dans leur sphère d'application. Les mesures de séquestre et de compte, organisées par les articles du Code d'instruction criminelle , ne l'ont été que par rapport à la personne accusée et condamnée ; et précisément , dans l'hypothèse de mort civile, les biens séquestrés n'appartiennent plus au condamné , ils appartiennent à ses héritiers en vertu des art. 25 et 27. Dès lors , tout ce qui peut tenir à ce séquestre et à ce compte devient inapplicable. Comment, en effet, serait-il permis de s'immiscer dans les droits de ces individus? Autant vaudrait mettre sous le séquestre les propriétés de chaque citoyen. Le crime est étranger aux héritiers ; les mesures qu'il nécessite doivent leur être étrangères.

La nature des choses sépare forcément les art. 25 , 27 et 30 (Code civil) des art. 465 et 471 (Code d'instruction criminelle.) Aussitôt que la succession du condamné est ouverte, un autre ordre de choses commence, et cet ordre de choses est tout entier dans la loi civile. Les pénalités ne poursuivent point dans la tombe ceux que la mort a frappés ; ici, l'individu est mort civilement, mort pour ses biens, pour ses droits , et la loi criminelle ne peut plus régir ni ces biens ni ces droits. Nécessité d'écarter toutes les dispositions de cette loi criminelle ; et les héritiers restent sous l'empire du régime des successions, tel qu'il est consacré par le Code civil. S'ils réclament un compte, ce n'est plus dans les termes de l'art. 471 ; ils le réclament comme héritiers et propriétaires. En un mot il ne s'agit plus de contumace, de jugement, de précautions ; il s'agit d'une hérédité déférée suivant les règles ordinaires.

Ainsi, il est facile de reconnaître les limites nécessaires et du Code d'instruction criminelle et du Code civil : l'empire du premier cesse à l'expiration des cinq ans ; et c'est là que s'élève l'autorité du second, parce que là a changé complètement la position à régir. Lorsqu'il s'agit des biens du condamné, nous sommes sous la loi criminelle ; mais lorsque le condamné a disparu de la vie civile, lorsque ses biens ont passé en d'autres mains, nous rentrons dans la généralité du droit civil, parce qu'il n'y a plus à considérer que les héritiers reconnus. Il n'y a pas même là d'exception, et il est inutile de faire l'hypothèse d'un cas particulier ; il y a deux combinaisons essentiellement différentes, sur lesquelles le législateur s'est prononcé d'une manière formelle. S'agit-il d'un condamné par contumax ? appliquez à ses biens les articles

465 et 471. S'agit-il de mort civile ? appliquez les articles 25, 718, 719 et suivans. Sans doute un compte sera rendu aux héritiers, puisqu'il y a eu *séquestre* et *administration*; mais il le serait quand l'art. 471 n'existerait point : le compte sera rendu, comme on rend celui d'une gestion quelconque, ou contrat ou quasi-contrat.

Enfin le législateur, par une prévoyance extraordinaire, a déclaré, dans les termes les plus positifs, que les règles générales sur la contumace, tracées dans le Code d'instruction criminelle, laissaient le contumax mort civilement sous l'empire du Code civil ; tels sont les termes exprés et littéraux de l'art. 476 (Code d'instruction criminelle) : « Ce jugement, conformément au Code civil, conservera, pour le passé, les effets que la mort civile aurait produits..... » Quels sont ces effets produits selon le Code civil ? Un de ces effets de la mort civile n'est-il pas d'ouvrir la succession du condamné, et de le dépouiller irrévocablement ? Du moins, pour le savoir, il est évident que la loi civile doit seule être interrogée ; il est évident que l'art. 476 s'en rapporte entièrement à cette loi. Si l'on en revient aux art. 25, 27 et 30, on y trouve textuellement écrit que la succession est ouverte, que les successibles sont saisis, que l'absolution du condamné ne peut plus avoir d'effet rétroactif, que seulement il peut encore être déclaré apte à la vie civile.

M. Delvincourt prétend que l'on fait une pétition de principe, en argumentant de l'art. 476, parce que cet art. ne dit rien sur les véritables effets de la mort civile. Mais il est impossible de voir, dans ce reproche, autre chose qu'une ruse mal-adroite ; c'est au contraire M. le Doyen qui tourne dans le cercle vicieux. C'est lui qui invoque le Code d'instruction criminelle, article 471, pour établir que les biens sont restitués au mort civilement, après les cinq années ; mais l'art. 476, toujours conçu dans le même système que les art. 471 et précédens, s'en réfère au Code civil : impossibilité donc d'argumenter du Code d'instruction criminelle, sans réaliser ce qui est en hypothèse. Le condamné de l'article 476 a été l'accusé des art. 471-465 ; tout est corrélatif dans ces dispositions. Si l'on s'appuie sur une seule, on suppose qu'elle s'explique sur la restitution des biens ; or il est certain que l'on a voulu tout abandonner au Code civil, aux termes de l'art. 476. En disant que le séquestre, pendant vingt ans, entraîne cette conséquence que le condamné n'a pas entièrement perdu ses droits, ainsi que le soutient M. Delvincourt, on avance que la loi criminelle s'est occupée de ces droits, qu'elle a précisé les effets de la mort civile ; on avance par là même ce que l'art. 476

pose en question ; on fait ce que M. Delvincourt s'imagine ne pas faire , c'est-à-dire une pétition de principe.

En admettant l'opinion du professeur-Doyen, on arrive à cet inconcevable résultat , que la propriété des héritiers est résoluble pendant vingt ans : je dis *inconcevable* , puisque le Conseil d'état n'a pas même voulu admettre pour cinq ans cette doctrine de la résolution. Nous l'avons déjà rappelé : deux systèmes se partageaient le Conseil, et l'on a rejeté *la mort civile résoluble*, pour en revenir à ce qu'avait dit le C. Boulay dans la séance du 16 thermidor an 9 : « Il est contre les principes d'appliquer à ce » qui concerne la vie l'usage des clauses réso- » lutoires. » Et voilà cependant que l'on évoque de nouveau *une mort résoluble* , non pas pour cinq ans , comme le demandait le C. Tronchet, mais pour l'espace de vingt années.

On reconnaît que le législateur, en fixant le délai de cinq ans comme terme fatal où la mort civile produirait ses effets; on reconnaît, dis-je , que le législateur a voulu *ne pas laisser les propriétés incertaines, ne pas déranger les calculs, les arrangemens de famille.*. Et il y aura vingt ans d'incertitude pour les héritiers ! Pendant vingt ans, leurs droits seront soumis à une condition résolutoire ! Mais, ajoute-t-on, « cet incon- » vénient n'est plus à craindre, d'après les disposi-

»tions du Code d'instruction criminelle; puisque
» les héritiers n'ont rien à réclamer, et ne jouis-
» sent de rien avant l'expiration des vingt an-
» nées. » Ai-je besoin d'observer qu'avec cet
inconvénient disparaît l'économie de la loi sur
la mort civile, et que c'est bien là une petite
dérogation, que tout-à-l'heure on ne voulait pas
avouer? J'ai prouvé qu'il fallait absolument s'é-
tayer du Code d'instruction criminelle ; que dans
la sphère du Code civil il n'était pas possible de
présenter la moindre argumentation : je ne dois
pas davantage remarquer que l'on suppose sans
cesse que le séquestre demeurera apposé après
la mort civile, quoique précisément cette question soit en-dehors de la loi criminelle , soit tout
entière dans les art. 25, 27, 718. Acceptons un
moment la doctrine de M. Delvincourt, et cons-
tatons cette proposition qui la fonde : la loi ne
veut pas que la propriété des héritiers soit incertaine ; mais, comme le séquestre doit durer
vingt années, ou , en d'autres termes, comme
cette propriété sera incertaine pendant vingt
ans , le condamné ne sera point entièrement
dépouillé , et les héritiers peuvent fort bien
n'être que de précaires détenteurs. La plume
tombe des mains : il n'y a plus d'inconvénient à
l'incertitude , parce que l'incertitude est établie!
Mais comment l'établissez-vous? Si la loi proscrit l'incertitude , comment se trouve - t - elle

dans la loi ? Depuis Escobard et le P. Vasquez, je ne sache pas que l'on ait raisonné de cette force.

Sur la seconde question, celle de savoir si le mort civilement qui se représente, rentre, par ce seul acte, dans la vie civile ; on a nié plus ouvertement les principes, on a soutenu que l'art. 676 du Code d'instruction criminelle avait dérogé à l'art. 30 du Code civil, lequel avait rigoureusement décidé qu'un jugement était nécessaire. Il est vrai que l'art. 476, dans son second paragraphe, ne concerne, d'une manière explicite, que les effets produits par la mort civile, depuis l'expiration des cinq ans jusqu'au jour de la comparution de l'accusé en justice ; mais, outre que ce paragraphe n'énonce qu'une application particulière, il porte que l'ordre devra se conformer à l'art. 30 du Code civil : l'intention du législateur est bien claire ; les effets de la mort civile continuent d'être réglés par l'art. 30. D'ailleurs il a été démontré que le Code d'instruction criminelle ne pouvait avoir dérogé à la loi d'institution de la mort civile ; il est de vérité incontestable, que les lois générales ne dérogent point à des règles spéciales, surtout, avons-nous dit, si des élémens nouveaux sont entrés dans la spécialité (1). Inutile de répéter

---

(1) Dans l'hypothèse générale d'une condamnation par

les autres considérations qui viennent d'être développées, ce qui a été dit suffit pour la solution de la difficulté. Je ferai seulement une remarque : c'est que, si la comparution du mort
civilement le réintègre de plein droit, l'harmonie de la loi est rompue. L'art. 30 est en contradiction avec les art. 29, 31. Quand il s'agit, en
effet, de la comparution dans les cinq ans, la
mort du condamné produit le même bénéfice,
si elle arrive dans ce délai de cinq ans. Ces deux
situations sont identifiées par les art. 29, 31;
elles font tomber le jugement de plein droit.
Mais, après les cinq années, la mort ne serait
plus aussi favorable que la comparution ; est-il
possible de concevoir cette différence ? M. Del-

---

contumace , il n'y a aucune raison pour ne pas annuler
le jugement, puisque tout était provisoire , puisque tout
va être renouvelé. Dans l'hypothèse spéciale d'une contumace de mort civilement, le jugement a un caractère
définitif sur quelques points : tout ne doit pas être renouvelé. Une succession a été ouverte , le partage des biens
a été opéré ..... et tout cela s'est accompli d'une manière
irrévocable : ce jugement ne peut donc pas être annulé.
Si deux élémens aussi opposés ne reçoivent pas le même
mode d'existence , y a-t-il de quoi surprendre ? Si le contumax est condamné de nouveau, sera-t-il successivement
mort, vivant et mort ? Pourquoi faire cette violence
bizarre aux réalités ?

vincourt a écrit les deux résultats ; il ne s'est pas chargé de les expliquer. Toutes les présomptions, toutes les analogies qui fondent l'identité des deux faits dans ce premier cas, fondent assurément cette identité dans le second cas. L'homme qui meurt après les cinq ans *ne meurt pas plus en faute* que s'il fût mort dans les cinq ans.

Si l'on veut apprécier les assertions de M. Delvincourt, en tant que *système*, les voici en résumé : La mort civile est encourue au bout de cinq ans d'interdiction légale, la succession est ouverte et les héritiers sont reconnus ; mais cela n'exclut pas la vie civile, le condamné peut ressaisir sa succession, et l'héritage n'est pas entièrement déféré. Toutefois il peut exister *certains droits*, pour lesquels le mort ne revient jamais ; quoique l'on puisse soutenir qu'il revient même pour ces droits. Ce n'est pas, au fond, que le mort civilement ne soit bien mort ; car « pour » juger à quelles personnes le compte du sé- » questre doit être rendu, si le condamné ne » s'est pas représenté dans les vingt ans, il faut » considérer uniquement l'époque de l'expira- » tion des cinq années, et adjuger la succession » du condamné à ceux qui se trouveraient ses » héritiers. » Voilà des héritiers en expectative pendant vingt ans, une succession nominative et déférée sous condition.

2

Une limite est imposée aux priviléges de la contumace ; dans cette limite s'épuise toute l'indulgence de la loi : et voilà que les priviléges, les faveurs deviennent la règle générale avant comme après les cinq années; les droits civils sont rendus au contumax par le seul acte de sa comparution. Un terme fatal est prescrit, il l'est d'une manière générale et rigoureuse; mais il n'est pas prescrit pour certaine portion de droits civils. Quand un contumax meurt, il faut le considérer comme s'il avait comparu : cependant un contumax mourra privé des droits civils, quoique sa comparution les lui eût restitués. Pour achever l'organisation, le condamné, qui se fera juger après les cinq ans, sera exposé à mourir deux fois, pour qu'il puisse ressusciter dans l'intervalle.

La base d'un tel édifice devait être placée dans une ancienne ordonnance, et celle de 1670 a été évoquée. En vain les procès-verbaux du Conseil constatent-ils que les anciens principes ont été abandonnés, en vain même les partisans des projets opposés sont-ils en accord parfait à cet égard : on eût été fâché de perdre cette occasion de parler de *l'ancien droit*.

Les assertions de M. Delvincourt, violatrices des textes, proscrites par les discussions solennelles du Conseil-d'État, ne sont donc encore qu'un assemblage bizarre d'incohérences et de contradictions. Il faut en revenir aux articles si clairs et si simples 25, 27, 29, 30 et 31; la mort civile frappe le contumax au bout des cinq ans; tous ses droits lui sont enlevés: il ne peut obtenir qu'une nouvelle vie civile, et cette nouvelle vie ne lui est imprimée que sous la condition d'un jugement.

Peut-être ai-je trop insisté sur des questions assez faciles; mais aucun jurisconsulte ne les ayant approfondies, M. Guichard lui-même, dans un ouvrage tout récent sur les *droits civils*, s'étant contenté d'une affirmation toute sèche, j'ai cru devoir examiner des doctrines qui s'imposent, chaque année, à cinq cents personnes (1); et j'ai été conduit à donner quelques développemens à une loi que l'on a si étrangement travestie.

---

(1) Le *Commentaire* de M. Delvincourt étant le plus raccourci, et le seul achevé, les étudians s'empressent de l'acheter. Les fonctions de doyen ne semblent-elles pas une garantie de la bonté de l'ouvrage, et une sûreté pour les examens? D'ailleurs le cours de l'auteur n'est que la lecture abrégée de son livre; et je me rappelle encore certaine séance où il resta muet de surprise et d'indignation, en voyant un élève donner une solution contraire à celle qu'il avait écrite.

ART. 201 - 202 - 331.

—

Le Mariage putatif peut-il légitimer les Enfans nés hors de ce mariage?

La solution que l'on devait chercher dans les effets du mariage putatif, on l'a cherchée dans le fait de la naissance. Quand il fallait simplement savoir si la bonne foi d'un mariage nul a la même force que la validité d'une union légitime, on s'est demandé s'il était possible d'admettre l'excuse de l'inceste et de l'adultère, comme l'on admet l'excuse d'une rigoureuse illégalité.

La confusion (1) est venue de ce que, dans l'ancienne jurisprudence, nul enfant ne pouvait être légitimé par mariage subséquent, si, au moment de sa naissance, le père et la mère étaient incapables de contracter un mariage valable. Un empêchement quelconque au mariage, devenant toujours un empêchement à la légitimation,

---

(1) C'est une des mille occasions où l'on a embarrassé et obscurci les lois nouvelles par l'ancien droit.

la nullité du lien entraînait presque toujours
l'illégitimité absolue des enfans que ne proté-
geait point la société conjugale. A peine parlait-
on du petit nombre de cas où l'empêchement
n'avait point existé à l'instant de la naissance,
quoique, dans la suite, le mariage n'eût été que
putatif. On s'est attaché à cet état de choses, et
l'on n'a voulu tenir compte ni des lois qui l'a-
brogent, ni de la disposition de l'art. 331 qui
porte en termes formels : « Les enfans nés hors
» mariage, autres que ceux nés d'un commerce
» incestueux ou adultérin, pourront être légiti-
» més par le mariage subséquent de leurs père
» et mère. »

En replaçant le débat sur son véritable terrain, il se concentre dans les art. 201 et 202 : car
on n'a pas osé nier que l'inceste et l'adultère ne
soient les deux seules causes de non légitimation
dans un mariage ordinaire ; et l'unique question
alors est de savoir s'il n'existe que ces deux causes dans un mariage putatif. M. Toullier (1)
l'avait tellement senti, qu'il commence par établir que l'enfant, né hors du mariage putatif, ne
peut jamais en recevoir le bienfait de la légitimation, et qu'il paraît n'appuyer un principe
si général que sur cette expression de l'art. 202

______

(1) Voy. 1er. vol. p. 545.

« des enfans issus du mariage » ; quoiqu'il parle
ensuite d'un plaidoyer de d'Aguesseau.

Ces termes, *issus du mariage*, fourniraient-ils
une conséquence sérieuse? Comment appliquer
l'art 201? Si l'un rappelle les enfans du mariage,
l'autre étend les effets civils *à tous les enfans*.
Tel, qui serait légitime dans l'art. 201, sera-t-il
illégitime dans l'art. 202? L'auteur lui-même
reculerait devant cette contradiction. D'ailleurs
l'art. 201 a posé le principe de la matière; ce
principe est que la bonne foi des mariés légitime les enfans : l'art. 202 ne fait qu'appliquer
ce principe à un cas particulier, à celui où la
bonne foi n'existe que dans l'un des époux. Ce
que l'on applique, on ne l'anéantit pas; il faut
donc interpréter l'art. 202 par la règle posée
dans l'art. 201 : il faut dire que les enfans peuvent invoquer les effets civils du mariage, non
parce qu'ils sont issus de ce mariage, mais en
leur qualité *d'enfans*.

J'ai promis de ne point m'appuyer sur le droit
ancien, mais je serai quelquefois forcé d'apprécier la valeur des argumens que l'on en tire. On
oppose quelques phrases des conclusions de d'A-
guesseau dans l'affaire de Tiberio-Fiorelli ; et
ces phrases démentent la doctrine de M. Toullier. « La loi, dit ce grand magistrat, récompense
» l'innocence telle qu'elle se trouve dans celui
» qui contracte de bonne foi, et par erreur de

» fait, un mariage défendu ; mais que la loi ré-
» compense une personne qui a voulu mal faire,
» parce qu'elle a cru faire un moindre mal, c'est
» ce qui ne peut pas être écouté. » Par là tout
était ramené au point de la naissance : tel enfant, né dans telles circonstances, était-il ou n'é-
tait-il pas susceptible de légitimation ? et la difficulté ne se présentait pas seulement sous le rapport du mariage putatif, elle s'élevait dans un
mariage quelconque. On voit combien la question a changé.

Sous l'ancien droit, on ne mettait pas même
en doute que le mariage putatif ne légitimât,
comme le mariage valide ; mais on se demandait
si les enfans, nés pendant un empêchement et
hors du mariage, pouvaient invoquer la bonne
foi de leurs auteurs, et s'en faire un titre à la légitimité ; comme ils le pouvaient, s'ils étaient nés
dans un mariage nul et sous le coup d'un empêchement. La question se posait dans ces termes,
parce que la naissance pendant un empêchement
rendait incapable de la légitimation : maxime
générale posée par d'Aguesseau lui-même.
Cette maxime avait reçu une exception en
faveur de la bonne foi des époux qui avaient
donné le jour à des enfans, couverts par
l'ombre d'un mariage putatif ; mais la maxime
embrassait, dans sa généralité, et les enfans
des époux qu'aurait unis un lien valide, et

ceux des époux qu'aurait associés un contrat illégal.

Les jurisconsultes du temps avaient vu que la bonne foi était, en dernière analyse, le seul motif qui légitimât les enfans dans le mariage putatif; et comme ces messieurs veulent absolument créer quelque chose, que ce qu'ils aiment le mieux, après faire des lois générales, c'est distinguer, excepter, etc...; les jurisconsultes du temps prétendirent que la bonne foi d'un inceste ou d'un adultère devait légitimer l'enfant qui en était le produit. Le père et la mère n'ont pas cru faire un inceste, ou n'ont pas connu l'empêchement existant, disaient-ils; donc ils sont de bonne foi; donc les enfans peuvent être légitimés. C'est à cette étrange argumentation que répondait d'Aguesseau par les paroles que nous citions tout à l'heure. Sous le mariage putatif, on peut bien oublier la tache originelle de l'enfant en faveur du mariage : mais, dans un concubinage, quelle cause ferait donc méconnaître une naissance que la loi frappe de réprobation qu'elle déclare à jamais illégitime en lui imprimant une flétrissure particulière? *Quand on fait mal, et que l'on croit bien faire, la loi peut récompenser; mais quand on veut mal faire, que la loi récompense parce que l'on a cru faire un moindre mal; c'est ce qui ne peut pas être écouté.*

Il est maintenant bien établi que la question
de l'ancienne jurisprudence était tout autre que
celle du droit nouveau; que l'on n'a pas songé
à contester aux enfans issus du mariage, et nés
hors du mariage, la capacité d'être légitimés,
soit dans un lien putatif, soit dans un lien
valide; qu'on ne leur a refusé cette capacité que
lorsqu'ils étaient nés pendant un empêchement;
qu'ainsi les conclusions de d'Aguesseau ne renferment pas un seul mot qui puisse justifier le
système de M. Toullier.

Seulement, il faut le répéter, la plupart des
empêchemens qui annulaient le mariage, ayant
existé au moment de la naissance de l'enfant,
c'était une conséquence nécessaire qu'il y eût
incapacité de légitimation; l'incapacité résul-
tait des caractères que la loi imprimait à la
naissance; le mariage putatif n'y était pour rien.
Cet enfant que ne pouvait légitimer le mariage
putatif, un lien valide ne l'eût pas légitimé davantage. Mais ces faits ont apparu, on les a saisis,
et le droit n'a pas été compris : on a vu que presque jamais le mariage putatif ne légitimait, et
l'on a posé en principe qu'il ne pouvait légitimer ; le droit a été défendu par les faits,
après que ces faits ont été transformés en droit.
Ceci explique l'erreur de nos jurisconsultes
modernes.

M. Delvincourt (1) s'est efforcé de nous donner comme neuve une distinction que l'ancienne jurisprudence avait fixée de la manière la plus positive; il n'a pas craint de traverser les décrétales de Grégoire IX et les écrits du cardinal de Palerme, pour nous dire que si la nullité du mariage existait à la naissance de l'enfant, la légitimation n'était pas possible; que si elle n'existait pas à ce moment, l'enfant pouvait être légitimé. Mais c'est là ce que supposent et le droit ancien et le plaidoyer dont on s'étaie. L'arrêt de 1695 et d'Aguesseau décident le point de savoir si, cet empêchement supposé à l'époque indiquée, on peut argumenter de sa bonne foi; ils disent donc par là même que, si l'empêchement n'existait pas à cette époque, il n'y aurait aucune difficulté à la légitimation. Nous en avons dit les raisons. M. Delvincourt n'a pas aperçu la différence des principes; il est inutile d'insister à cet égard.

M. Toullier du moins a parfaitement posé la question (2) : il ne s'agit plus pour nous de bonne ou de mauvaise foi à l'instant de la naissance; la législation du Code, en rejetant la

----

(1) Voy. p. 71 de son *Commentaire*, aux notes.
(2) Il est vrai qu'il l'a posée; mais il la complique bientôt d'élémens étrangers, et la rend méconnaissable.

doctrine des excuses, a tracé une règle plus claire et plus sûre : tout enfant peut être légitimé, s'il n'est le fruit de l'inceste ou de l'adultère. Le mariage putatif établit-il une exception ? Loin de dissimuler l'argument qui est puisé dans les termes de l'art. 202, nous reconnaissons volontiers que cette réponse : *Les enfans légitimés sont censés issus du mariage : donc les effets civils leur sont acquis ;* nous reconnaissons, disons-nous, que cette réponse est un cercle vicieux, puisqu'il s'agit précisément de savoir si la légitimation est permise (1). Mais, outre que l'art. 201 est décisif contre le système de M. Toullier, acceptons cet art. 202 tout entier ; qu'il soit le seul texte sur la matière.

Il est palpable que, dans le matériel du texte, l'exclusion ne porte que sur l'époux de mauvaise foi ; voudra-t-on inférer de cette locution générale, *issus du mariage*, une différence capitale entre les enfans *issus* et ceux *non issus* du mariage ? L'art. 198 du même chapitre emploie l'expression identique, *issu du mariage ;* et, dans ce cas, pourtant, la loi veut parler des enfans légitimés par le mariage, aussi bien que des enfans nés du mariage. Que l'on relise les

---

(1) Cet argument vient encore de M. Delvincourt. On l'aurait reconnu : c'est la méthode ordinaire de l'auteur.

art. 3o5 , 337 et une foule d'autres ; on trouvera encore la même expression , consacrée
dans un sens évidemment opposé à l'opinion
du savant jurisconsulte de Rennes. Il est peu
de dispositions de loi où l'on ne pût accuser une
semblable inexactitude : à quelque abstraction
que nous nous soyons élevés , aucune langue n'a
pu encore tout généraliser. On est forcé d'être
incomplet, pour éviter les longueurs fastidieuses
et les répétitions sans fin. Il y aurait quelque
chose de puéril à faire le procès aux langues
connues ou à l'intelligence humaine.

Enfin , la légitimation serait le seul effet civil
que l'on refusât au mariage putatif ; et cette
exception ne serait consignée nulle part d'une
manière expresse ! Le projet de l'art. 202 portait : « Si la bonne foi n'existe que de la part de
» l'un des deux époux , le mariage ne produit
» les effets civils qu'en faveur de cet époux et
» des *enfans*. » Ce projet ne fut pas même
combattu , et l'article devrait être rédigé en
ces termes. On ne sait pas comment la rédaction définitive se trouve changée ; mais il est
certain que le législateur n'a introduit aucune
modification à l'universalité des effets civils
accordée au mariage putatif. M. Portalis rappelle au Corps - Législatif le principe général;
et son exposé repousse toute idée d'exception:
« De-là cette maxime commune , dit le con-

» seiller d'Etat, que le mariage putatif, pour
» nous servir de l'expression des jurisconsultes,
» c'est-à-dire celui que les conjoints ont cru
» légitime, a le même effet, pour assurer l'état
» des époux et des enfans, qu'un mariage véri-
» tablement légitime. » Comment donc ne pas
voir que cet art. 202 n'est destiné qu'à séparer
l'époux de bonne foi de l'époux de mauvaise foi,
dans les prérogatives du mariage; que la différence de rédaction sur les *enfans* est absolument insignifiante; et que, dans l'art. 202 comme
dans le projet, la bonne foi protége et les enfans
du mariage et les enfans hors du mariage ?

ART. 170 — 171.

—

Le 18 mai 1824, dans la conférence des avocats-stagiaires à la Cour royale des Pairs, on agita la question de savoir si l'hypothèque légale de la femme, mariée en pays étranger, existe en France, indépendamment de la formalité de transcription ordonnée par l'art. 171.

J'avais demandé la parole pour engager la conférence à ne pas s'occuper d'une difficulté parfaitement résolue, et à la reléguer parmi les subtilités de la chicane. Je rapportai la discussion fort courte du Conseil-d'Etat sur l'art. 171 : « Le C. Defermont demande pour- » quoi l'exécution de cet article n'est pas assu- » rée par une disposition pénale. — Le C. Réal » répond que cette disposition pénale n'ap- » partient pas au Code civil, et que sa place » naturelle est dans les lois sur l'enregistre- » ment, où déjà elle se trouve. — Le C. Tron- » chet voudrait que la peine de la contra- » vention fût une amende, indépendamment » du double droit. — L'article est adopté. »

Malgré cette observation, que je croyais et que je crois encore décisive, la discussion continua , et fut même prolongée pendant plusieurs séances. Les principes qui furent soulevés me révélèrent les sources de l'erreur et de l'hésitation : je dois entrer dans un examen sérieux.

Je supposais que l'hypothèque légale était un effet civil du mariage , comme la puissance maritale ; que le mariage reconnu en France, l'hypothèque existait de toute nécessité , comme inhérente et essentielle à l'union des époux. Mais M. Grenier , dans un Traité récent *des Hypothèques* , avait complétement faussé et obscurci les idées sur ce point. Il est vrai que ce jurisconsulte semble , en finissant , concéder en fait l'hypothèque légale ; mais ce n'est qu'à l'aide d'hypothèses démenties et sous des restrictions qui la dénaturent : ses principes , d'ailleurs , rétractent son aveu (1). « Pour se former, dit-il , » des idées sur l'effet que doivent avoir , en » France, les contrats de mariage passés en » pays étrangers, quant à l'hypothèque, il faut » examiner si l'on doit ou non appliquer à ces » contrats les dispositions de l'art. 2128 du » Code civil (2). D'après la disposition de cet

---

(1) Voy. *Traité des Hypothèques.* vol. 1er. pag. 528 et 529.

(2) Si l'authenticité de l'acte des conventions matrimoniales était nécessaire pour que la femme eût une hypo-

» article, il serait impossible d'accorder l'hy-
» pothèque sur des immeubles situés en France
» à des contrats de mariage passés en pays étran-
» gers....... Voudrait-on dire que l'hypo-
» thèque, pour la dot, a toujours été tacite;
» qu'elle existe par la seule célébration du ma-
» riage, sans aucun acte qui en règle les con-
» ventions quant aux intérêts ? Mais cette dis-
» tinction même ne saurait se soutenir. ... »

Il est impossible de dire plus clairement que l'hypothèque légale prend naissance dans l'acte des conventions matrimoniales; et je ne conçois pas que l'auteur ajoute : « Lorsqu'un Français
» épouse une femme en un pays étranger, et
» lorsque cette femme vient habiter avec son
» mari en France, où elle acquiert domicile,
» on ne peut alors se décider par les mêmes
» principes. La femme étrangère qui épouse un
» Français, et qui suit son mari, devient Fran-

---

thèque légale, l'accomplissement de l'art. 171 ne serait plus d'aucune valeur; car un acte étranger, transcrit par un officier de l'état civil en France, ne renferme aucune des formalités constitutives de l'authenticité, d'après l'art. 2128 : de plus, il n'y aurait jamais que l'acte de célébration qui pût être transcrit. Avec les principes de M. Grénier, la question était purement hypothécaire: on trouvera, je pense, qu'elle est connexe à la validité du mariage, et qu'elle doit se concentrer dans les art. 170 et 171.

» çaise. Ainsi, la femme qui est dans cette po-
» sition jouira, comme toute femme française
» et mariée en France, de tous les droits accor-
» dés aux femmes par le Code civil, tant pour
» la dot que pour les conventions matrimoniales.
» On sent que si la femme épousée en pays
» etranger, qui suit son mari en France, n'a
» point d'acte qui règle les conventions matri-
» moniales, le mariage, comme pour toute
» femme française et mariée en France, serait
» réglé par le chap. 2 du tit. du *contrat de ma-*
» *riage*, relatif au régime de la communauté.
» L'art. 1400 du Code suppose le défaut de con-
» trat...

Que devient alors cette maxime que le contrat passé en pays étranger ne produit point
hypothèque ? Il semblerait que l'art. 2128 n'eût
été fait que pour les étrangers. Non seulement
ces derniers ne peuvent invoquer l'hypothèque
légale, parce que l'acte a été reçu par un officier étranger; mais ils ne peuvent pas même
réclamer le bénéfice d'une loi française. Est-ce
ainsi que M. Grénier entend l'art. 2128, quand
il l'applique à l'hypothèque conventionnelle (1)?
est-ce seulement contre les étrangers qu'il dé-
cline l'autorité étrangère ? Il enseigne une doc-

---

(1) Je raisonne ici dans le système de M. Grénier.

trine absolument opposée ; il dit , comme tout le monde , que les engagemens sous l'autorité d'officiers publics, qui ne sont pas institués par la loi française , demeurent dans les termes de simples obligations , de simples actes non revêtus de l'authenticité (1). Si une femme française fonde son hypothèque sur un pareil acte , elle contrevient donc à l'art. 2128.

---

(1) En écartant la supposition de l'origine de l'hypothèque légale dans un acte , la distinction entre l'autorité de *créance* et l'autorité de *pouvoir*, sur les actes étrangers , devient illusoire. Peu importe que l'hypothèque soit du droit des gens ou du droit civil, si elle est une partie intégrante du mariage, dans quelque lieu qu'il ait été célébré. Mais s'il fallait apprécier la nature des contrats passés en pays étrangers , la distinction me semblerait aujourd'hui contraire à tous les principes. Les lois d'une nation ne sont faites que pour ses membres et ne protégent qu'eux seuls ; un étranger ne peut jamais réclamer l'exécution de ces lois. Non seulement l'officier étranger n'a pu communiquer au contrat la forme probante, l'autorité de *créance* ; mais le *lieu* même de l'obligation serait insignifiant pour tout autre qu'un Français , si l'art. 15 du Code civil, par une exception formelle, n'accordait pas à l'étranger la faculté de réclamer l'exécution des conventions faites avec les sujets de la France. Il ne faut pas chercher, *à priori* , si tel contrat est du droit des gens ou du droit civil ; mais si une exception expresse accorde tel bénéfice aux nations étrangères. Je ne connais pas de loi qui imprime aux actes étrangers la force de *constater* ,

Et l'on abandonne si peu l'acte des conventions matrimoniales, comme origine du droit
hypothécaire, que, si la femme étrangère n'a pas
de contrat, on lui applique l'art. 1400 pour en
fabriquer un. Cependant la femme étrangère
ne devient Française que par la célébration du
mariage, et cette qualité ne lui est imprimée
qu'au moment où l'hypothèque légale prend
naissance : c'est seulement alors que cette femme
entre sous l'empire du Code civil, et que l'art. 1400
doit lui être appliqué ; mais, à ce moment, elle
est épouse, et les conventions matrimoniales
sont désormais impossibles (art. 1394). Il faudrait admettre un effet rétroactif, pour que la
femme encore étrangère fût réputée avoir stipulé *les conventions* de l'art. 1393 : conséquemment, l'hypothèque existe avant ce contrat ; et
il serait absurde de soutenir que ce même contrat l'eût produite. Aussi nous avons vu que,
dans la réalité, M. Grénier ne croit point à
l'existence d'une pareille hypothèque, pas plus
qu'à l'efficacité du contrat reçu en pays étranger. Il conseille à la femme, comme *chose*

---

je ne leur accorderais pas même l'autorité de *créance*.
Lorsque ces questions toutes politiques s'agitaient sous l'ancien droit, les idées élémentaires du droit public étaient
encore obscures et confuses : il ne faut pas s'étonner de
l'embarras que l'on remarque dans leur solution.

*

prudente, de déposer chez un notaire l'expédition de son contrat ; et, pour plus grande sûreté, de prendre *inscription sur les immeubles du mari.*

Je n'entreprendrai pas de réfuter cette opinion, parce qu'il faudrait sortir des limites de la matière, et que je la regarde comme une méprise échappée à un jurisconsulte distingué. Ce n'est pas d'ailleurs le texte pur et simple du *traité* que l'on a reproduit à la conférence ; on s'en est défendu tout haut, quoique son influence fût visible. Il y avait une opposition trop matérielle entre l'art. 2135 et l'ancien droit, pour essayer de rattacher l'hypothèque légale à l'acte des conventions matrimoniales ; on n'a pas même osé avancer explicitement que l'acte de la célébration fût le principe de l'hypothèque : le déplacement eût été grossier. Mais on n'a pas voulu admettre la garantie de la femme là où l'acte de célébration n'était point accompli par un officier français ; et l'art. 171 a voilé l'arrière-pensée de tous les argumens.

Il est vrai, a-t-on dit, que l'hypothèque coexiste avec le mariage et en est inséparable ; mais il faut que le mariage soit prouvé, et cette preuve ne peut résulter que de la transcription, dans les trois mois, de l'art. 171. Comment l'hypothèque pourrait-elle primer les droits des tiers, si elle ne se produit pas sous une forme quelconque ?

L'art. 194 établit l'inscription sur le registre de l'Etat civil ; l'art. 171 est corrélatif. Je réponds que cet art. 194 trace un mode de constatation général pour les mariages, et que l'art. 171 concerne seulement les mariages célébrés à l'étranger. L'énonciation d'un principe n'anéantit point l'exception qui l'a limité, et le législateur a consacré des dispositions spéciales aux époux qui s'unissaient loin de la patrie. Si l'art. 194 ne reçoit aucune exception, comment le mariage célébré à l'étranger pourra-t-il se constater ? En vain parle-t-on de la transcription de l'art. 171 ; assurément cette transcription n'est pas l'inscription qu'exige l'art. 194, et dès-lors il faut reconnaître que l'on a dérogé à cette disposition générale en faveur du mariage hors de la France.

La femme ne peut réclamer *l'effet civil* de l'hypothèque, si elle ne représente un acte de célébration ! mais je veux que la transcription de l'art. 171 soit équivalente : il reste que la femme n'a aucune espèce de droit, s'il n'y a un acte ; d'où il suit que l'hypothèque de la femme et son mariage existeront pour certain nombre d'années, et n'existeront pas pour les années antérieures à la transcription faite en France. Point de milieu ; ou il faut un acte, pour que l'on réclame les effets du mariage, ou cet acte n'est pas indispensable. S'il en faut un, il n'existait pas d'acte pour les années antérieures à la transcription, et par conséquent il n'existait ni hypothèque ni mariage. Dans l'autre cas, il n'y a pas d'argument. Voudrait-on objecter que la transcription couvre les années antérieures ? Il y a donc, en définitif, des années pendant lesquelles les droits existent, sans les registres de l'Etat civil ; il y a donc des effets civils du mariage que l'on peut réclamer, isolés qu'ils sont de l'inscription ou de la transcription. Ainsi les mariages hors de France deviennent un cas particulier ; car le mariage, en France, ne produit aucun effet pour lequel on ne doive représenter un acte de célébration : les art. 170-171 sont une exception à l'art. 194.

En se réduisant à dire que l'art. 194 veut seulement l'inscription au registre, comme une forme que l'individu marié hors de France peut remplir à une époque quelconque, forme qui doit suffire pour *tous effets civils ;* on énonce une trivialité, parce qu'il faut bien, dans un débat, constater ses droits, et que des époux ne peuvent pas être crus sur parole. Ce qui est important, c'est que l'art. 194 n'ajoute rien à la rigueur du délai prescrit par l'art. 171 ; le point à fixer, c'est que le délai de la transcription ne soit pas *fatal*, et se trouve régi par les art. 170-171. Ceci une fois posé, l'argumentation contraire tombe d'elle-même ; on avait traîné la discussion sur le terrein de l'art. 194, et il faut abandonner ce terrein; on avait reconnu l'impuissance des élémens, art. 170-171, pour fonder la *nullité du mariage non transcrit*, et ces élémens sont circonscrits et séparés de tous autres. Dés que le mariage hors de France est un cas particulier, sous une loi exceptionnelle, il y a nécessité de revenir à juger cette exception; et l'on doit concentrer le débat sur les articles 170-171. La question reste donc dans les mêmes termes: l'hypothèque de la femme existe-t-elle sans la transcription dans les trois mois?

Si l'on veut lire les deux textes qui régissent le mariage célébré par un officier étranger, on sera convaincu que l'art. 171 ne prescrit point, sous peine de nullité, la forme et le délai dont il s'agit. L'art. 170 déclare valable, pour la France, le mariage en pays étranger, s'il a été accompli dans les formes usitées dans le pays; si... etc..... Le mariage étant valable, tous les effets civils peuvent en être réclamés, et l'hypothèque existe. Imposer une condition nouvelle à la validité du mariage, c'est déroger à l'art. 170; c'est dire que le mariage n'est pas valable dans une position où il a été reconnu valable. Y a-t-il dans l'art. 171 la moindre apparence d'une dérogation à l'art. 170? Je défie que l'on présente une syllabe. L'art. 171 énonce un moyen de

rendre le mariage public , et le Code civil
n'en *ordonne* pas même l'emploi.

On a été plus loin, et les prétentions se sont
mises plus à découvert. On a concédé que le mariage fût valable quant à ses effets personnels ,
mais en refusant l'existence à cette portion du
mariage qui est étrangère à la personne des
époux, et qui concerne les intérêts pécuniaires ,
c'est-à-dire à l'hypothèque. Ainsi, voilà que le
mariage est valable, sans acte reçu par un officier français, sans inscription ; mais l'hypothèque a besoin du contrat, il faut au moins qu'il
soit transcrit. C'est assez clairement revenir à
la doctrine d'une relation entre l'acte et l'hypothèque légale : aussi s'est-on appuyé sur l'intérêt des tiers, sur la nécessité que le mariage
fût connu. Quand le mariage est contracté en
France, l'acte de célébration produit la publicité ; quand il est contracté en pays étranger, il
faut que la transcription produise cette publicité.

Je ne conçois pas trop ce que l'on entend par
effets pécuniaires ; et comment concevoir que
l'hypothèque ne soit pas intimement liée aux
effets que l'on appelle *personnels*. On veut dire
sans doute, et les développemens l'ont prouvé,
que le mariage est reconnu en tant qu'objet
d'ordre public ; que les époux ne pourraient
contracter un second mariage avant la dissolution de celui-ci, etc..... L'hypothèque n'est-

elle donc pas aussi d'ordre public? C'est un principe vulgaire que la femme n'a pas le droit d'y renoncer. Elle touche aux fondemens de la société conjugale, elle est une conséquence immédiate de l'obéissance de la femme et de l'autorité du mari; pourquoi ne la rangerait-on pas parmi les effets personnels? On dit qu'elle n'a aucun rapport avec les enfans : c'est une dérision. Quoi! il n'y a plus d'importance pour les enfans à n'être pas réduits à la misère par la prodigalité d'un père! Quoi ! ce n'est pas une disposition protectrice de la *famille*, que celle qui assure son existence et lui garantit une fortune, après que tout aura été absorbé! Ce n'est pas une loi tutélaire, pour la *personne* des enfans, que celle qui leur transmet la dot et les biens de leur mère, qui défend leur faiblesse contre les excès et les passions du père !

A ce compte, il n'y a plus rien de positif en législation, et il suffira d'une escobarderie pour obscurcir les systèmes les mieux établis, et ruiner des principes fondamentaux. Il n'y a pas une parole dans la discussion, pas un texte dans la loi qui ne révèlent cette pensée, que l'hypothèque légale existe en faveur des personnes, pour la femme, pour les enfans, pour la constitution de la famille. Je ne veux pas même insister sur ce point.

On n'a pas vu qu'il y avait contradiction dans les termes ; *un effet du mariage* qui n'est pas relatif aux *personnes !* Mais tout ce qui est *effet du mariage* est ce sans quoi le mariage n'existe pas ; et l'argent, les biens n'ont jamais fait une partie essentielle du mariage. On se marie tous les jours, sans argent et sans biens : l'hypothèque conserve cet argent et ces biens, mais elle les conserve pour les personnes et n'existe que pour elles. L'autorité du mari aussi s'exerce sur les biens : devient-elle un effet *pécuniaire?* En organisant le mariage et la famille, le législateur n'a pu voir que des époux et des enfans ; tout ce qui est dans ce mariage et coexiste avec lui, concerne la personne des époux et des enfans.

On a confondu, malgré soi, l'hypothèque légale avec les conventions matrimoniales qu'elle est destinée à garantir : ces conventions sont purement d'intérêt individuel et *pécuniaire,* elles restent dans la liberté des individus. Aussitôt qu'elles sont arrêtées, un intérêt plus élevé commence avec le mariage : c'est que le mari les respecte et les exécute ; l'hypothèque légale en est le moyen. L'acte des conventions matrimoniales est utile, en ce qu'il établit les obligations pour lesquelles l'hypothèque peut exister, et non pas en ce qu'il produit cette hypothèque. Les faits constatés par le mode de l'art. 1394, ou par toute autre forme probante (1) ; ces faits sont couverts par le droit d'hypothèque.

Que parle-t-on de tiers et de publicité,

---

(1) Les jurisconsultes non seulement ne peuvent s'entendre sur ces formes de constatation, mais ils ne savent sur quel fondement poser une doctrine : ils flottent sur des cas particuliers, et finissent par tout abandonner à la discrétion des tribunaux. Imposera-t-on à la femme la forme rigoureuse de constatation que l'on veut imposer aux tiers ? MM. Grénier et Merlin n'osent aller jusquelà. Où s'arrêtera-t-on cependant ? D'innombrables procès se sont élevés sur cette matière, dans la législation ancienne et nouvelle. Ceci tient au faux principe que la jurisprudence a consacré, et que nous combattons plus loin, *sur la foi due aux actes*. Les créanciers qui discutent un acte opposé au débiteur commun ne le discutent pas comme un acte qui doive prouver contre eux. Les actes ne prouvent que contre ceux qui y sont parties. Alors cessent toutes les difficultés ; un seul principe bien entendu, ramené à son sens naturel, tarit une des sources les plus abondantes des procès. La preuve sera contre le mari, suivant les règles générales ; et les créanciers ne pourront exiger que les droits de la femme soient prouvés contre eux. L'arbitraire sera remplacé par un principe fixe, et les *circonstances* seront réduites à un caractère légal. On n'accusera plus le Code d'une lacune immense, et peut-être se persuadera-t-on qu'une lacune dans nos commentateurs n'est pas tout-à-fait un *blanc* dans la loi.

quand la loi méconnaît les tiers et abdique la publicité? N'a-t-on pas reconnu, et n'a-t-on pas assez reproché que l'hypothèque de la femme serait *occulte,* qu'elle détruirait le système admis pour toutes les hypothèques? Oserait-on nier l'art 2135, qui dispense la femme de toute inscription? La singulière publicité que celle qui résulte d'une transcription connue du seul officier de l'Etat civil! D'ailleurs quels faits seront publiés par cette transcription? ce n'est pas le fait de l'hypothèque, puisque le mari peut n'avoir rien reçu de la femme, et que le mariage par lui-même ne grève pas les biens. Quant au fait du mariage, les publications ne sont-elles pas exigées par l'art. 170; et ne le font-elles pas beaucoup mieux connaître? La transcription ne peut apprendre que l'union des éponx, et, par suite, la possibilité d'une hypothèque; les publications aussi avertissent les tiers qu'une hypothèque peut exister. Dans les deux cas rien n'est connu sur l'état des biens; il y a nécessité d'un examen ultérieur. C'est dans l'acte des conventions matrimoniales que l'examen doit être porté, et non dans l'acte de célébration; lui seul contient la matière pour laquelle doit s'exercer l'hypothèque de la femme; et l'on n'ose pas aller jusqu'à exiger la publicité de ce dernier contrat.

Du reste, j'abandonne ici le véritable terrein de la discussion : il ne s'agit ni de tiers ni de publicité. Le mariage existe-t-il ? voilà toute la question : car on n'invoque pas même les principes du régime hypothécaire, on est forcé d'avouer que le débat roule uniquement sur l'art. 171. Si l'on veut un acte, si l'on demande une hypothèque publique, on reconnaît du moins que tout cela doit s'accomplir par la *transcription* dans les trois mois. En dernière analyse, c'est l'art. 171 qu'il faut interroger; le délai est-il rigoureux ou ne l'est-il pas? A-t-on dérogé à l'art. 170 par une formalité nouvelle? et cette distinction fantasque entre les effets *personnels* et les effets *pécuniaires* du mariage, il faut bien encore la fonder sur l'art. 171. Je le demande, y a-t-il, dans cet art. 171, la moindre trace d'une telle différence; et n'est-ce pas dépasser toutes les bornes, que jeter ainsi, au milieu d'une discussion, quelque imagination fortuite et bizarre? On a beau s'agiter, échafauder des hypothèses et contourner des sophismes, on retombe dans la sphère tracée par les art. 170-171.

Pourtant on a prétendu bâtir sur un terrein nouveau, et placer la discussion sur les art. 1382, 1383. Si la négligence de la femme a nui à des tiers, l'hypothèque n'existera pas ; si aucun intérêt étranger ne se trouve compromis, l'hypothèque pourra exister. Mariés, s'il n'y a aucune réclamation de créancier, les époux deviendront des concubins si le mari est insolvable ! La loi n'ayant régi que les circonstances où les intérêts individuels se heurtent, il n'en est aucune où l'on ne pût appliquer les art. 1382-1383; et le Code tout entier pourrait disparaître devant ces deux textes. Mais n'y aurait-t-il point quelque niaiserie à supprimer la législation pour une vérité de morale, et à tout confondre dans une généralité que l'on a d'abord si longuement développée? Sans doute, on est responsable de sa négligence comme de son fait; personne ne conteste la maxime.

Mais, que doit on appeler *fait* ou *négligence* soumis à la responsabilité? Les droits de chaque individu sont organisés et reconnus par la loi : tant que l'on reste dans les limites de ces droits, on ne peut encourir aucune responsabilité; autrement il n'y aurait pas *droit*. Il faut donc savoir quels sont ces droits, il faut savoir si la femme a droit à son hypothèque, sans avoir rempli la formalité de l'art. 171. Dans le premier système que nous avons examiné, on s'appuyait aussi sur les droits des tiers, sur l'obligation pour la femme de les avertir; et la distinction des effets pécuniaires n'avait pas d'autre origine : il était trivial de rappeler l'art. 1383, puisque personne ne veut nier ce

principe, et on le spécialisait dans l'art. 171.
Dans l'explication que l'on a prétendu nouvelle, on rappelle l'art. 133, et l'on arrive
forcément à ce même art. 171. On n'a donc
pas sorti de l'ornière ; et, malgre toutes les prétentions au systéme, il n'a pas été introduit
dans la discussion un seul élément, autre que
les art. 170-171 (1).

Les inconvéniens des diverses opinions ont
été tour-à-tour exposés ; mais cette argumentation est toujours vicieuse, quand elle n'est
pas insignifiante : c'est changer absolument le
rôle de jurisconsulte, et je ne dois pas entrer
dans cet ordre de considérations.

Tant d'incertitudes doivent surprendre,
quand on ne considére que le Code civil ; et
je les trouverais inexplicables, si l'ancienne
jurisprudence n'en révélait les causes. Sur ses
point modifiés ou abrogés par le Code, on peut
aisément deviner les opinions nouvelles, en
lisant le droit ancien. L'hypothéque légale de
la femme n'existait point immédiatement par

(1) Je n'ai pas besoin de rappeler la discussion du
Conseil sur cet art. 171, rapportée précédemment ; le
texte de l'article est assez formel. Il serait plus inutile
encore de rechercher si, dans les lois actuelles, il se rencontre une pénalité contre la non-transcription dans les
trois mois. L'intention du législateur est évidente.

l'autorite de la loi ; elle prenait naissance dans l'acte des conventions matrimoniales. Quelques jurisconsultes firent seulement une exception pour la dot , qu'ils regardaient comme une suite nécessaire du mariage ; ils avouèrent, d'ailleurs, que les *conventions du mariage* n'obtenaient d'hypothéque qu'autant qu'elles étaient authentiquement reçues par un officier français. Alors s'éleva cette grande et belle question (1) de savoir si les contrats de mariage ne devaient pas être considérés comme du droit des gens, et si, par là même, ils ne devaient pas emporter hypothéque, quoique passés en pays étrangers?

On fouilla toutes les vieilles traditions de notre droit public : on interrogea toutes les

---

(1) Elle s'élevait à une grande hauteur , parce qu'elle touchait à un des points principaux de la civilisation moderne, et qui est aujourd'hui le pivot des sociétés européennes. La *nationalité* est tout-à-fait vaincue par les mensonges ou les exagérations de la *philanthropie* : Les peuples et les rois sont tourmentés d'une ardente généralité d'amour. Malgré le peu d'avancement de la science à cette époque, la question, pour les penseurs, était en grande partie de savoir s'il était utile à la France d'accorder aux nations étrangères le droit d'affecter les immeubles du pays ; s'il lui était avantageux que les mariages pussent jouir de toutes leurs prérogatives , et la famille se constituer hors de son sein.

subtilités de la législation civile; et les avis des jurisconsultes les plus éminens de l'époque restèrent partagés. On disait : Le mariage est du droit des gens; dans quelque pays qu'il ait été célébré, il doit être reconnu partout, et emporter les effets attachés à une union aussi respectable. Mais, sous le rapport des *intérêts*, l'hypothèque est attachée à l'*authenticité* du contrat. Il ne s'agit plus d'ordre public, il s'agit d'un débat entre la femme et des *tiers*. . . . . . .

Je n'ai pas besoin de faire remarquer, dans ces discussions de l'ancien droit, le germe de toutes les opinions modernes. Au milieu de ce conflit, il reste une vérité : c'est que si la femme, mariée en pays étranger, n'avait pas d'hypothèque, le contrat fondait nécessairement le droit hypothécaire : si l'on a soutenu que l'hypothèque dotale appartenait même à la femme mariée en pays étranger, c'est que l'on supposait la dot un *effet essentiel* du mariage. Ce principe, une fois admis, comme tout le monde l'admet aujourd'hui, que l'hypothèque ne résulte point de *conventions* entre le mari et la femme; les anciens auteurs eussent répondu d'une voix unanime que l'hypothèque était acquise par cela seul que le mariage était reconnu. Je pourrais citer Tronçon, sur la Coutume de Paris ; Mornac, sur la loi *de Juris-*

dicttione; et les arrêtés de l'illustre de Lamoignon.

Si je voulais, par ce qui précède, juger de l'influence de l'ancien droit, et des lumières que l'on y puise sous la législation du Code, on m'accuserait de légèreté ; je dirai seulement que la jurisprudence ancienne est fort loin de s'opposer à ce que le mariage, déclaré *valable* par l'art. 170, produise l'hypothèque légale, lors même que l'acte de célébration n'a pas été inscrit sur les registres de l'état civil, par un officier français, et conformément à l'art. 171.

ART. 302 — 306 — 373.

—

C'EST une vérité triviale, que la puissance paternelle est un des plus grands ressorts de la société ; le briser serait une impiété, si ce n'était un acte de démence. Je ne rappellerai pas avec quelle sollicitude le législateur d e tous les temps et de tous les pays s'est occupé de la constitution de la famille. En fortifiant un pouvoir saint et révéré, on donne à plusieurs volontés une direction unique , et des passions effrénées se soumettent à une autorité toute puissante. Le corps politique , au lieu de trébucher sur le terrein raboteux et impraticable des individualités, roule sur des bases aplanies et cohérentes.

Mais la puissance paternelle s'affaiblirait d'un déplacement, et elle devait avoir une forme d'exercice. Il y avait une singulière difficulté à tracer la limite précise qui séparerait les droits du père de ceux de la mère ; il y en avait une plus grande encore à coordonner ces droits divers avec l'autorité maritale et l'obéissance de la femme. Des circonstances pouvaient se présenter , qui établissent la lutte de ces trois

*

pouvoirs ; et il eût été inexcusable de laisser se heurter et s'anéantir trois élémens d'aussi grande importance pour les développemens de l'humanité. Aussi la loi du Code domine-t-elle tous les cas , par le principe le plus large et le plus fécond qui pût être posé : « Le père » seul exerce l'autorité paternelle durant le » mariage. »

Cependant , on a méconnu la combinaison du législateur, et l'art. 373 est devenu une de ces dispositions que l'on relègue à la tête d'un chapitre bonne pour l'usage commun de la vie , mais sans conséquence pour les accidens qui l'agitent et la compliquent. Les faits de chaque jour suffisaient pour établir la règle commune , et elle se trouve soigneusement consignée dans un texte de loi. Quand il faut condamner la route ordinaire , et s'enfoncer dans les profondeurs des passions, le législateur éteint son flambeau ; nous restons , sans guide et sans appui , livrés au vague de l'*intérêt des enfans* et à la discrétion des juges. On ne nie point l'art. 373 , et l'on élude son application dans les circonstances les plus graves ; la puissance du père est reconnue, et l'on soustrait à sa garde les enfans de la femme *séparée de corps.*

On a puisé une induction dans l'art. 302 , relatif au divorce , en vertu duquel les enfans

sont confiés à celui des époux qui a obtenu
la dissolution du mariage , à moins qu'une demande contraire ne soit formée par le ministère
public ou la famille. Mais il y a une différence
absolue entre le divorce et la séparation de
corps ; différence parfaitemeut caractérisée par
le premier Consul , au Conseil-d'Etat : « Le
» divorce et la séparation de corps , disait-il ,
» sont des parallèles ; et les parallèles ne se
« rencontrant jamais , il convient de raisonner
» séparément sur les deux cas. » Par le divorce, l'union conjugale est brisée ; il n'existe
plus d'époux ; l'autorité maritale a disparu ; il
n'y a plus à régir que les droits du père et
ceux de la mère sur leurs enfans. Peut-être est-il
dangereux (1) de transmettre à un autre des

---

(1) Le législateur n'a pu se résoudre qu'avec beaucoup
de peine à enlever les enfans à leur père ; l'instinct le
plus inhérent au cœur humain a besoin de faits qui le
développent et d'habitudes qui le consacrent. Le fils est
accoutumé dès long-tems à voir un maître dans son père,
le respect se mêle à l'amour ; si un tribunal le flétrit, que
deviendra l'obéissance filiale ? la femme , soumise na-
guère au même chef que ses enfans , va les commander ;
toutes les illusions se dissipent , et la magie du pouvoir
n'est-elle pas détruite ? Tant de passions peuvent surgir
d'une habitude brisée ; il est à craindre qu'elles n'étouf-
fent les sentimens de famille !

droits que jusqu'ici le père a possédés ; et n'est ce
pas visiblement à ce dernier que la nature les
a départis ? Il ne faut pas pénétrer violemment dans ce sanctuaire de la famille , et lui
arracher ses secrets : le père a été condamné
sur une demande en divorce , vous le réprou-
vez comme immoral ; mais , cet amour pa-
ternel , que vous croyez affaibli ou corrompu ,
un sentiment profond et intime ne saura-t-il pas
le reproduire par ses merveilleuses inspirations ?

Quoi qu'il en soit , l'art. 302 est formel contre
l'époux condamné ; la considération de son in-
conduite et de ses influences l'emporte, et le
père, en ce cas, peut être forcé à abdiquer son
pouvoir : la même disposition n'a point été reproduite pour la séparation de corps, comment,
le mari condamné perdrait-il les droits de la paternité ? Le mariage existe , la femme est sous
l'autorité maritale ; les mêmes élémens restent
à régir : en quoi le problème aurait-il changé ?
Quand la femme est seule et indépendante, on
conçoit que le législateur lui confie les enfans ;
mais quand elle est encore sous la surveillance
du mari, pourquoi les enlever à celui-ci ? Que
sera une *puissance de mère* qui reste soumise
à la puissance du père ? Les enfans ne retom-
bent-ils pas sous le père , par cela seul que l'é-
pouse lui doit toujours obéissance. Quelle contradiction qu'une mère , pouvant disposer de

ses enfans, et n'ayant pas la permission d'aliéner
ses biens; investie de la magistrature de la famille,
et trouvant au sein de cette famille des comman-
demens et un maître. La lutte recommence entre
les droits de chacun, parce que leur nature n'a
pas changé, et que l'on rejette le principe qui
avait tout concilié. Le désordre renaît et la
constitution de la famille est détruite.

En vain insiste-t-on sur l'intérêt des enfans ;
qu'importe que les causes de la séparation de
corps et du divorce soient identiques ? Je veux
que les mêmes présomptions d'incapacité pla-
nent sur le père, que les enfans soient exposés
aux mêmes chances dans les deux cas dont il
s'agit : ces présomptions et ces chances ne sont
qu'un rapport de la question, il faut tenir
compte des différences qui viennent d'être si-
gnalées. Une exception rigoureuse frappe le
père divorcé : pourquoi en frapper le père séparé
de corps ? que l'on montre une disposition formelle : que dis-je ? ce n'est pas une exception
que je repousse, c'est un principe que j'invoque ; l'article 373 est exprès : le père seul,
pendant le mariage, exerce l'autorité sur les
enfans. Le mariage existe-t-il ? La difficulté
se réduit à ces termes. Personne ne conteste
la réalité du mariage, la puissance paternelle
n'a donc pas cessé d'être entièrement au
mari.

Les Cours royales et la Cour de cassation (1)
professent une opinion contraire , et la femme
a souvent obtenu les enfans. Je regrette que
ces Cours n'ayent pas expliqué davantage leur

---

(1) Voici l'arrêt de la Cour suprême , rapporté par
Sirey , tome 15 , page 381.

Attendu sur le deuxième arrêt..... ;

« Attendu, sur le troisième arrêt, que le moyen tiré
» de l'infraction à la puissance paternelle n'est pas fondé,
» puisque la loi laisse aux juges le soin de prononcer à
» qui les enfans doivent être confiés , dans leur propre
» intérêt ; »

Je soutiens précisément que *ce soin n'est pas laissé*
aux juges, que l'art. 373 a réglé ce qu'ils devaient faire ;
les termes de cet article sont rigoureux : a-t-on même
essayé d'en éluder le sens , par une interprétation quelconque ? on s'est contenté d'une assertion toute sèche,
toute nue , et l'on a cru avoir répondu à tout. Que l'on
feuillette tous les recueils d'arrêts , je défie que l'on
trouve l'apparence d'un argument. On a toujours parlé
de l'intérêt des enfans ; mais on suppose par là même
que cet intérêt n'est pas garanti par l'art. 373 , et le contraire est écrit dans le texte. Et nous avons vu quel singulier intérêt les enfans avaient à changer de père et de
maître, comment on brisait d'abord tous les liens que
ce changement était destiné à resserrer ! La question
est de savoir si l'art. 373 est applicable au père *séparé
de corps*, au père *durant le mariage*. Que l'on ne commence donc point par se placer en-dehors de cet art. 373,
pour le supposer inapplicable !

doctrine ; elles avancent perpétuellement que l'on n'enfreint pas l'autorité du père, en plaçant les enfans pour leur plus grand avantage : c'est dire que l'art. 302 peut être appliqué à la séparation de corps, c'est imposer une limite à la puissance paternelle ; et la question est précisément sur ce point. Est-ce la maxime générale de l'art. 373 qui doit la décider ? Est-ce la disposition exceptionnelle de l'art. 302 ? Que l'on dise comment on ne viole pas un pouvoir, en lui enlevant la plus précieuse de ses prérogatives ? Il faudrait au moins que l'on donnât quelques développemens, quand on repousse un texte précis, lors, surtout, que ce texte se trouve en corrélation avec toutes les lois de la matière. Quel sens attacher désormais à l'art. 1384 et à plusieurs autres, si, pendant le mariage, avant son décés, le père n'a plus la garde des enfans ? Bizarre exception que le législateur ne suppose nulle part, et qu'il dément partout.

Il faut remarquer que les Cours n'ont pas même osé appliquer en entier cet art. 302 (1) que l'on invoque; les divers arrêts sur la matière portent seulement que l'intérêt des enfans est la règle souveraine des tribunaux, et que

____

(1) Cet article admis, l'art. 267 est d'une application forcée : la puissance paternelle recevra une atteinte avant la condamnation de l'époux.

l'on peut confier la garde à l'épouse séparée ; mais aucun ne va jusqu'à décider que la garde appartienne à la femme qui a obtenu la séparation, dans les termes rigoureux de l'art. 302. Aucun, que je sache, n'a encore jugé que l'on pût mettre ces enfans sous la surveillance d'un tiers, comme dans l'hypothèse du divorce. M. Toullier rappelle bien, en traitant de la séparation de corps, l'art. 302 ; mais il n'entre dans aucun examen, et il est à croire qu'il ne l'entend pas autrement que la Cour de cassation et la Cour royale de Paris.

Je ne parle que de ces deux arrêts, parce qu'ils renferment l'expression exacte de tous les autres. Celui de la Cour de Cassation est rapporté en note à la page 56. Voici le considérant unique de l'arrêt de la Cour Royale : « Considé» rant, *en droit,* que, dans les contestations qui » peuvent s'élever entre les époux séparés de » corps, sur la garde et l'éducation des enfans, » l'intérêt de ceux-ci est la règle souveraine de » décision. » (*Sirey*, *t.* 22, *p.* 163.)

On a reculé (1), et avec raison, devant les

---

(1) M. Delvincourt, loin de reculer, a franchi toutes les bornes ; il prétend que la tierce-personne à laquelle les enfans sont confiés, est un véritable tuteur dans l'esprit des art. 267 - 302. Le père et la mère, selon lui,

conséquences de l'art. 302; pourtant, dans le système des arrêts, il faut aller nécessairement jusqu'à les consacrer. Si l'on abandonne cet article 302, il ne reste pas l'ombre d'un argument. L'*intérêt des enfans* ; c'est le législateur qui a dû le prendre en considération ; et, parmi les lois qui le garantissent, se trouve l'article 373 sans limite , sans restriction.

Aucune difficulté ne se fût élevée, si l'on eût voulu se pénétrer de cette vérité, que la séparation de corps est une institution particulière , essentiellement distincte et séparée du divorce , que les mêmes règles ne pouvaient convenir à l'une et à l'autre. La différence est si grande , que l'on a été sur le point d'admettre, pour la

---

ne sont qu'un *subrogé tuteur.* La preuve qu'il en donne, c'est que l'art. 390 n'a prescrit de mesures pour la tutelle des enfans , que dans le cas de dissolution du mariage par la mort naturelle ou civile. En d'autres termes , la loi ne parle point , au titre de la Tutelle , du tuteur que le tribunal doit nommer dans le cas des art. 267-302 : donc les art. 267-302 organisent une *tutelle.* De pareils raisonnemens sont incroyables , il faut les voir écrits en toutes lettres. En vérité, je me reprocherais de faire subir au lecteur toutes les *opinions* de M. Delvincourt ; son commentaire est d'une telle nullité pour la science, que je dois m'excuser d'en avoir parlé: je promets de n'en pas dire un mot à l'avenir.

séparation, des causes beaucoup plus légères que
pour le divorce ; comment eût-il été possible
alors de croire l'intérêt des enfans compromis,
et d'attaquer la puissance paternelle ? Ces causes
n'ont pas été admises, parce que l'on a craint
de rendre *les séparations* trop faciles, et que
l'on voulait seulement offrir un refuge aux
consciences catholiques; mais on n'a jamais entendu que la séparation et le divorce fussent
sur la même ligne, et dussent entraîner des résultats semblables. La séparation de corps est
restée une simple *dispense de cohabitation*,
à laquelle l'époux renonce suivant ses désirs.
Aujourd'hui privée de l'un de ses membres, la
famille, demain, sera complète : l'irritation cesse,
et l'on se réconcilie (1).

« Cette matière (la séparation de corps)
» présentera beaucoup de questions, disait Bo-
» naparte au Conseil-d'Etat; elle ne doit pas
» être traitée incidemment au divorce.... On de-
» mandera comment *organiser la séparation*,
» lorsqu'il n'existe plus de couvens qui puissent

______

(1) Si la femme retourne chez son mari, les enfans rentrent sous la puissance de ce dernier. Que l'on veuille faire
attention à des changemens d'autorité si fréquens; cette
agitation et cette anarchie domestiques sont-elles bien
propres à inspirer aux enfans, l'honneur et le respect que
leur commande l'art. 371 ?

» devenir la retraite de l'épouse. Tous les points
„ méritent d'être examinés séparément. » Et le
Conseil renvoyait en effet la discussion au titre
spécial de la séparation de corps.

Je le demande : est-il permis de confondre
deux systèmes limités avec tant de soin, et d'appliquer indistinctement les lois qui les organisent? Est-il permis de couvrir d'une pareille
confusion l'évidence de l'art. 373 ?

ART. 538—540—541—637—714—2226—
2227.

—

DEUX jurisconsultes du premier ordre, Messieurs Toullier et Pardessus, ont traité des *servitudes du domaine public* ; peut-être a-t-on trouvé suffisantes les lumières qu'ils ont répandues sur ce sujet. Je ne crois cependant pas qu'ils l'aient vu dans toute sa profondeur, et leurs deux théories opposées me semblent receler de graves erreurs.

M. Pardessus (1) avait placé toutes les dé·

---

(1) J'espère revenir, par la suite, sur l'excellent Traité de M. Pardessus ; c'est un des meilleurs ouvrages publiés depuis le Code, et pourtant il renferme plusieurs opinions qui me semblent contraires à la loi française. La malheureuse influence des législations étrangères l'a emporté quelquefois sur le talent et la sagacité de l'auteur. Du reste, je me garderai bien d'élever des subtilités dans une matière si ardue ; la tâche serait trop facile. Par exemple, je n'irai pas attaquer cette opinion que la *promesse d'une servitude faite par un copropriétaire n'est point nulle en soi* ; car M. Pardessus convient que cette promesse n'a aucun effet, si le vendeur ne devient pas unique propriétaire, ou si les copropriétaires ne joignent

pendances du domaine public sous l'empire
de l'art. 714; M. Toullier a clairement établi
que cet art. 714 ne régissait que les choses

---

pas leur consentement au sien. Et M. Jourdan, qui s'é-
lève si fortement contre cette opinion, finit par dire aussi
que du reste cette promesse « est nulle et radicalement
» nulle, à moins que, par l'évènement du partage, la
» chose asservie ne tombe dans le lot du promettant. »
Sans doute cette nullité radicale serait aussi insignifiante,
si la volonté du copropriétaire intervenait. Pourquoi donc
tout ce débat de M. Jourdan, pourquoi ces citations si
nombreuses, ces réclamations si vives et si solennelles
contre la doctrine de l'auteur ? Tout cela doit-il aboutir
à assurer les mêmes effets, à consacrer des résultats
identiques.

Il n'importe guère davantage de savoir si les servitudes
sont indivisibles suivant l'art. 1218, ou suivant l'art. 1217,
du moins pour la matière des servitudes ; quelque différence que l'on ait cherché à établir entre ces deux textes,
la nature des servitudes est trop palpable : on n'a pas
varié sur les principes qui les régissent. M. Duranton, qui
a confondu l'indivisibilité de l'art. 1218 avec la divisibilité de l'art. 1221, s'est hâté de mettre les servitudes
sous l'empire de l'art. 1217 ; et c'est M. Duranton qui
fonde, pour M. Jourdan, l'intérêt de la distinction. Il y
a plus, M. Jourdan lui-même a employé plusieurs pages
à prouver l'indivisibilité des servitudes. Si les servitudes
sont indivisibles, si l'art. 1218, portant sur un objet divisible, rend l'obligation indivisible; en un mot frappe
d'indivisibilité la nature du contrat ; que signifie une distinction entre l'art. 1217 et l'art. 1218 ? Qu'importe que

communes, l'air, l'eau, la mer, les animaux sauvages, etc... Pour ces choses, ils conviennent tous deux que des mesures de police doivent régler leur usage. Partis d'un point iden-

---

l'objet soit divisible ou indivisible dans son *essence*, si le contrat est indivisible ? et M. Pardessus convient encore de cette indivisibilité. Quant à ce qui est réellement de ces Art. 1217-1218, je crois avoir établi leur identité dans ma théorie générale de l'indivisibilité ; on y verra assez clairement réfutée, cette étrange assertion du rédacteur de la *Thémis*, *qu'un copropriétaire ne peut former un lien personnel par rapport à un objet indivisible*. Ce serait méconnaître les premières notions du contrat indivisible.

Est-ce à de telles futilités que l'on veut employer parmi nous la science des lois romaines et la profondeur de leurs combinaisons ? En vérité, M. Jourdan, j'oserai vous le demander : est-ce là le fruit de si longues études et des méditations d'une vie entière ? Personne ne conteste l'esprit et la pénétration des rédacteurs de la *Thémis*, et c'est ce qui me confirme dans mes idées contre les législations étrangères ; c'est au droit romain que je suis forcé de demander compte des qualités que je reconnaissais tout-à-l'heure à MM. de la Thémis. Plus ils ont de mérite personnel et plus leur méthode est malheureuse. Qu'on lise les deux articles de M. Jourdan ; peut-être quelques lecteurs iront-ils jusqu'à soupçonner que ce jeune jurisconsulte, si enthousiaste en apparence des vieux textes et des anciennes doctrin ., n'a réellement voulu que se moquer de leur autorité, les discréditer et les anéantir.

tique, ils arrivent pourtant à des conséquences contraires.

La raison en est simple; on n'a fait que reculer la difficulté, en appliquant les mesures de police aux choses *communes*. On peut concevoir certains droits réels sur des choses gouvernées par les lois de police. On supposerait que ces droits, une fois établis, renfermés dans des limites prescrites, sont respectés par toute mesure de police. L'ordonnance des *eaux* et *forêts* et la loi du 6 octobre 1791 fournissent plusieurs argumens fort spécieux. C'est sur cet ordre d'argumens que s'appuie surtout M.Toullier, pour soutenir que les choses *communes* sont susceptibles de *servitudes* ou droits équivalens.

Il faut avouer que M. Pardessus n'a pas trouvé une réponse suffisante dans la généralité de l'art. 714. Il est nécessaire de suppléer les principes qui doivent trancher la question. Je dirai plus; si je ne considérais, avec M. Pardessus, les choses *communes* que comme des choses dépendantes du domaine public, n'entrant pas dans la *propriété* privée, parce qu'elles sont consacrées à un usage public; si je ne considérais, dis-je, ces choses que sous ce point de vue, je ne balancerais pas à avancer qu'elles sont susceptibles de *servitude :* et cela serait manifeste par les développemens que je donnerai bientôt. Mais telle n'est pas la nature des *choses communes;* et c'est dans cette nature que MM. Toullier et Pardessus devaient chercher l'élément décisif de la discussion.

Les choses communes non seulement ne peuvent être possédées d'une manière exclusive, mais leur nature résiste à toute espèce de possession. La relation civile que le législateur institue sous le nom de *propriété,* attacherait-elle jamais ces choses à un être quelconque? Il est clair qu'un pareil lien est impossible, puisqu'il devrait nécessairement se former de ces deux anneaux, *possession, exclusion.* Si les choses communes sont insusceptibles de propriété, seront-elles grevées de servitudes?

L'art. 637 définit la servitude, une charge imposée à un immeuble pour l'utilité d'un autre immeuble; c'est un droit qui réunit toutes les qualités de la propriété, quoiqu'il ne soit qu'une partie des droits divers qui composent la propriété parfaite : il renferme ces deux qualités, *possession, exclusion.* Or, nous avons vu que les choses communes, sous leur mode d'existence, étaient incompatibles avec de tels attributs; par suite forcée, les objets de l'art. 714 sont insusceptibles de *servitude,* comme ils le sont de *propriété.*

Il n'est pas besoin de définir les choses communes soit dans leur nature physique, soit dans leurs rapports avec l'homme et ses biens. La nomenclature de ces objets se trouve dans tous nos jurisconsultes ; et la plus simple notion du bon sens suffit pour discerner ces choses qui se jouent des forces de notre organisation, des puissances de la vie civile et des efforts de l'ambition ; ces choses qui ne deviennent inhérentes ni à nous ni à nos biens ; ces choses que l'intelligence elle-même ne peut revêtir d'une forme assez subtile pour nous les incorporer.

Personne ne sera tenté de leur accorder le caractère de *possession exclusive* que nous leur avons refusé. Si l'on exigeait une constatation rigoureuse de l'essence de ces choses dans ce qui est relatif aux droits de l'homme, nous demanderions par quelle méthode on constate des rapports, s'il n'y a qu'absence de rapports, s'il n'y a du moins que de ces relations si vagues par l'éloignement ou l'immensité, qu'elles épuisent la pénétration de l'esprit et la précision des formules ? Ce que l'on conçoit parfaitement, c'est que l'air, la mer,... etc... ne peuvent être possédés, livrés à une jouissance exclusive (1).

____

(1) Il est clair que l'on ne parle de l'eau , de la mer , des poissons, que dans toute l'étendue de ces expressions: ainsi l'on peut acquérir une certaine quantité d'eau et un

*

Quant aux droits accordés à certains individus par l'administration et des réglemens, ils
sont *droits* à l'encontre de tous autres individus, parce que les réglemens sont une loi pour
tous. Et ce qui est aujourd'hui ordonné par une
mesure de police sera rétracté demain ; on n'a
point à réclamer la perpétuité des faits que l'on
a eu droit d'exercer. L'art. 714 embrasse complétement ces sortes de *droits* ; il est dans l'essence de la police d'agir par momens et pour
les circonstances.

Mais, en dehors de cet art. 714, pour ces pré-
tendus droits qui échapperaient aux réglemens
de police, et que M. Toullier essaye d'établir
à-la-fois sur l'ordonnance de 1584 et la loi de
1791, la réponse à tous les argumens, nous le
répétons, c'est la nature même des choses communes. Qu'importe le fait d'avoir pêché ou pris
de l'eau ? Y a-t-il là quelque chose qui ressemble
à la possession de la mer ou des poissons ? Y a-
t-il seulement une série d'actes quelconques
sur l'objet capable de faire acquérir rien qui ressemble à un droit réel ? Y a-t-il eu un rapproche-

---

nombre déterminé de poissons ; mais il s'agit de l'eau
comme rivière, comme mer ; il s'agit de poisson comme
généralité : un poisson et un seau d'eau ne sont plus des
choses communes.

ment, une inhérence, quelque fugitif que l'on suppose cet état? Où est l'objet sur lequel on a agi? Quelle impression a laissée l'acte accompli? Il n'y a qu'un fait isolé, que toutes les idées, toutes les règles en législation défendent de transformer en *servitude* ou droit équivalent.

Maintenant, arrivons aux choses du domaine public proprement dit, aux choses que l'on a prouvé n'être pas comprises dans l'art. 714. C'est un point beaucoup plus important.

M. Toullier enseigne que ces choses, quoiqu'affectées à un service public, malgré leur destination qui répugne essentiellement à une propriété privée; que ces choses, dis-je, sont susceptibles d'appartenir à des individus, que l'Etat en est le propriétaire actuel, qu'elles peuvent être grevées de *servitude*. Si l'auteur n'avait pas anéanti l'effet de ces principes, en développant la théorie où il les place, je n'aurais rien à ajouter : c'est à ces termes que se réduit la doctrine que je veux établir. Mais il faut l'écouter : « Il est vrai qu'il
» y a dans le domaine national des choses af-
» fectées à des usages d'une utilité publique, in-
» compatibles avec une propriété privée; et,
» pendant que dure cette affectation, ces choses
» ne peuvent être possédées exclusivement par
» des particuliers : mais cette affectation peut
» cesser, et ces choses rentrent alors dans la
» classe des domaines nationaux, susceptibles

» d'être possédés et acquis par des particuliers,
» par vente ou prescription. Cette affectation
» cesse de plusieurs manières, par une loi, par
» une ordonnance royale, par un long usage
» contraire... Il faut remarquer que, si les usages
» publics auxquels une chose est consacrée,
» sont incompatibles avec une propriété pri-
» vée et exclusive de cette chose, ils sont le
» plus souvent compatibles avec certaines ser-
» vitudes établies pour l'utilité d'un héritage
» voisin... Ces choses peuvent être grevées de
« toutes les servitudes qui ne sont pas incom-
» patibles avec les usages auxquels elles sont
» destinées. » (1)

Par-là tout est renversé, il n'y a plus droit
à une servitude, mais seulement *droit* sous la
condition que l'usage public ne sera pas froissé ;
il n'y a plus pouvoir d'acquérir la propriété,
que dans le cas où la destination première a
cessé. Comment saura-t-on si la servitude est
compatible ou incompatible avec le service public ? Qui connaît toute l'étendue de la destination première ? L'usage apparent d'une chose
n'est peut-être pas celui auquel elle est destinée. Des usages divers qu'il n'est pas besoin

---

(1) Voy. tome III de M. Toullier, pages 344 , 345
et suivantes.

de réaliser encore, n'apparaîtront-ils point au
moment où l'on parlera de droits acquis de
servitude ? et ces usages n'auront-ils pas toujours fait partie du service auquel la chose a
été consacrée ? C'est à l'autorité qui a fondé la
destination que l'on est contraint de s'adresser :
cette autorité seule peut répondre ; et c'est
contre elle pourtant qu'il faudra réclamer.
Comment, d'ailleurs, la destination d'une chose
à un usage public serait - elle limitée d'une
manière précise ? Les usages eux-mêmes ne se
modifient-ils pas de mille manières ? Ils exigent
à une époque ce qu'ils ne demandaient pas à
une autre ; et l'on ne contestera pas que toutes
ces modifications ne soient dans la destination
primitive.

La servitude , qui était compatible avec le
service organisé sous un certain mode , ne sera
plus compatible avec le service organisé sous
un autre mode : celle que l'on regardait comme
acquise, et qui l'était d'après toutes les apparences, sera livrée à la discrétion d'un juge,
partie intéressée. Est-ce là un droit stable et
permanent comme la propriété , une servitude ? L'idée d'un droit réel peut-elle s'allier
à toutes ces chances de transformations indéfinies ? Et cette latitude et ce vague qui cou-
vriraient les objets du domaine public, ne
serait ce pas là, en dernière analyse, substituer

à des droits *réels*, des faits précaires et tolérés ?

On voit que MM. Pardessus et Toullier ne sont pas aussi opposés qu'ils le pensent (1); concluons du moins que ce dernier, s'il n'a pas contredit formellement l'opinion qu'il avait d'abord énoncée en termes généraux, l'entoure de telles restrictions, que le domaine public serait presqu'insusceptible de *servitude*. Quant à la propriété, après avoir dit qu'elle pouvait être acquise par les individus, il ajoute, en termes positifs, qu'elle ne peut appartenir à ces individus, tant que l'affectation de la chose n'a pas cessé par ordonnance royale, loi, etc... Il est clair qu'alors les objets du domaine public seraient insusceptibles de propriétés privées, dans le sens de M. Pardessus lui-même.

Quoi qu'il en soit, on reconnaît que, dans leur nature intrinsèque, les dépendances du domaine public ne répugnent ni à une propriété privée,

---

(1) Je remarque un contraste assez bizarre : M. Toullier établit les servitudes en point de droit, et les rend presqu'impossibles en fait. M. Pardessus les combat en principe, et finit par en admettre quelques-unes; partagés sur la légalité, ils se rapprochent dans le résultat. Sur les choses communes, au contraire, ils reconnaissent l'art. 714 comme loi de la matière; unis sur le principe, ils se partagent dans le résultat.

ni à des servitudes ; *biens* par essence, elles doivent être soumises aux mêmes lois que tous
autres *héritages*. Mais à peine le principe est-il
posé, que l'on refuse de l'admettre. L'usage auquel ces biens sont consacrés ne doit-il pas changer leur nature et les lois qui la gouvernent ?
Consacrés à un service public, ne deviennent-
ils pas insusceptibles de servitude et de propriété privées pour le plus grand nombre de cas ?

Ce serait une étrange exception que celle qui
mettrait hors du droit commun, toutes les choses
du domaine public ; du moins faudrait-il que la
loi l'énonçât en termes exprès. On ne cite pas
un seul texte, pas une seule expression à l'appui. Il y a destination à un usage public, voilà
tout ce que l'on trouve dans les art. 538, 540 et
autres ; mais cette destination produit-elle un
changement si complet ? les dépendances du
domaine public ne sont-elles plus des *biens* ?
On a recours aux analogies, à l'opposition qui
semble exister entre un objet servant aux besoins de la société, et cet objet soumis aux
droits individuels.

Les analogies sont fausses, et l'opposition
n'est que superficielle. M. Toullier convient
que l'état est propriétaire ; et s'il est un principe
incontestable en raison, c'est qu'une *relation*
ne varie pas avec les personnes qui la forment ;
cette relation, une fois instituée et qualifiée par

la loi, reste immuable. Si la relation *propriété* se
compose de tels et tels faits, qu'importe la personne du maître ? Que Marius remplace Titius,
ou que l'on suppose l'Etat, les mêmes faits doivent
se reproduire. Je ne connais pas à un être collec-
tif, un autre mode d'entrée dans la relation de
propriété, que celui de tous les autres individus :
ce n'est même qu'en se faisant individu, que l'E-
tat devient propriétaire.—Si les lois soumettent
la propriété à des charges, si elles en décident la
perte dans telles circonstances, il y a nécessité
à reconnaître ces charges et cette perte, dans
les circonstances prescrites que les biens appartiennent à l'État ou à des individus. Toutes les
manières légales d'acquérir soit une servitude,
soit des droits réels plus étendus, sont les conditions sous lesquelles subsiste la propriété ; la servitude et ces droits réels ne peuvent donc être
acquis sur des biens quelconques. Concluons que
les objets du domaine public, quoiqu'affectés
à des usages sociaux, par cela seul qu'ils sont
propriété ; que ces objets sont susceptibles d'être
grevés de servitude, comme ils le sont de tomber
exclusivement au pouvoir des individus, et cela,
par toutes les manières d'acquérir les servitudes
et la propriété.

En quoi ce système blesserait-il l'ordre public ? L'Etat a des droits, il peut les défendre ;
assez d'agens sont préposés à cet effet. Les ga-

ranties légales de la propriété ne seront-elles impuissantes que pour les biens du domaine public? Si ces garanties suffisent aux individus pour qui la propriété est tellement inhérente à la vie, comment ne suffiraient-elles pas à l'état pour lequel des biens ne sont qu'un besoin secondaire? La situation des lieux et la loi imposent forcément des charges; elles se concilient avec la jouissance si étendue et si exclusive de la cupidité particulière : on craint qu'elles n'anéantissent les faits incomplets d'un service public; alors, il ne faut pas seulement constituer une autre propriété; il faut exiger un changement dans la nature des choses, et vouloir que la source qui jaillit de la montagne ne coule pas dans la vallée.

On conçoit que les agens de l'État soient soumis à des règles, pour aliéner ou grever les choses du domaine public : ces règles font partie de l'organisation politique; elles sont une condition d'existence pour ces agens. Mais dans les rapports où n'entrent pas ces agens, pour les droits qui se perdent ou s'acquièrent sans une volonté directe, on ne doit plus considérer que les biens et le lien qui les attache. Ces biens, ni comme chose, ni comme propriété, ne diffèrent en rien de ceux des individus; si vous les placez dans une sphère différente, vous leur enlevez tous les avantages de leur nature; autrement, ils seraient propriété, quand l'Etat voudrait s'enrichir, et ils perdraient ce caractère, s'il s'élevait une réclamation individuelle. De telles subtilités et de telles chicanes sont-elles soutenables ?

Un mode particulier d'acquérir a surtout été contesté, la *prescription*. Quoique M. Toullier déclare renvoyer ce point à un autre lieu, on voit clairement qu'il résout la question. N'a-t-il pas dit que les choses du domaine public n'étaient pas dans le commerce ? ne ramène t-il pas la difficulté à savoir si l'on prescrit les choses qui ne sont pas dans le commerce ? et l'art. 2226 n'a-t-il pas, à cet égard, une disposition positive ?

Le domaine public, étant soumis à tous les modes d'acquérir, doit l'être à la prescription. Mais je veux prouver plus directement cette identité entre les biens de l'Etat et les biens des individus. C'est même par ce mode que seront imposées le plus souvent les servitudes ; car tous ces droits d'aqueduc, de vue, des portes sur les rues : tous ces droits ne sont - ils pas fondés sur la prescription ? En vain a-t-on prétendu qu'ils subsistaient par la permission tacite de l'autorité publique, à quels indices reconnaître cette permission, et comment surtout en induire un droit réel ? D'ailleurs, le plus grand nombre de cas ne présentera aucun des élémens sur lesquels on fonde si libéralement une concession de propriété. On serait alors obligé d'admettre que les *servitudes* dont il s'agit ne sont que des faits de pure tolérance.

Les considérations d'équité que l'on présente contre un pareil résultat me toucheraient fort peu. « Le père de famille qui, sur la foi de la » loi et de l'autorité publique, a bâti à grands » frais sur une place, sur un chemin, etc..., une » belle façade, n'a qu'une propriété précaire. » Si la place, si le chemin changent de desti- » nation ; celui qui deviendrait concessionnaire » du terrain, pourrait contraindre tous les pro- » priétaires riverains à fermer leurs portes et » leurs fenêtres, etc... » Et pourquoi ne le pour- rait-il pas, si le riverain n'a point acquis le droit de faire bâtir sa façade, ou d'ouvrir sa porte et sa fenêtre ? Comment le domaine pu- blic se trouverait-il dépouillé par les moindres caprices des individus ? S'il n'a pas d'autres garanties que celles des lois générales, l'Etat n'a-t-il pas au moins ces garanties ? Ouvrez des fenêtres sur les biens d'un individu quelconque, n'aura-t-il pas le droit de les faire fermer, et la façade ne sera-t-elle pas perdue ?

Aussi je n'hésiterai pas à le dire ; les proprié- taires qui ont fait bâtir sur les places et chemins, n'ont aucun droit réel, s'ils ne l'ont pas acquis par prescription : l'autorité peut défendre ce qu'elle a toléré. Mais les art. 2226-2227 per- mettent de prescrire les objets du domaine

public : ce n'est qu'aux choses hors du commerce que la prescription ne peut s'étendre ;
elle a été établie pour toutes les propriétés. Les
biens du domaine public sont-ils hors du commerce ? l'Etat n'a-t-il pas la faculté de les aliéner et de les grever de servitudes, en observant
certaines formes ? Comment une chose est-elle
hors du commerce ? Appliquera-t-on une pareille interdiction aux choses que l'on peut
vendre, soit en totalité, soit en partie ? L'art.
2226 serait intelligible.

S'il existe l'ombre d'un doute, il disparaît
devant l'art. 2227. Le législateur semble avoir
pressenti les difficultés : « L'Etat, les établisse-
mens publics et les communes, « dit-il, sont
» soumis aux mêmes prescriptions que les par-
» ticuliers... » Des servitudes seront donc prescrites sur les biens du domaine public, comme
sur les biens des individus. Les rédacteurs sa-
vaient fort bien que, dans les choses appartenant
à l'Etat, les unes étaient consacrées à des usages
publics, les autres ne l'étaient pas. La loi cependant ne fait aucune distinction : ces choses sont
toutes la propriété de l'Etat, et l'Etat est soumis
à la prescription, indistinctement pour les propriétés : nul moyen d'excepter celles affectées à
un service quelconque.

L'art. 541 proscrit encore, de la manière la
plus évidente, toute espèce de distinction ; il

place sur la même ligne de *propriétés de l'Etat*
les choses destinées aux besoins de la société,
et celles qui ne remplissent que le but d'une
jouissance ordinaire; ces biens, ajoute-t-il,
« appartiennent à l'Etat, s'ils n'ont été valable-
» ment aliénés, ou si la propriété n'en a pas été
» prescrite contre lui. » Que veut-on de plus?
La solution est-elle assez matérielle?

Il était superflu de répondre en particulier au
système de M. Pardessus, par rapport aux *servitudes du domaine public* proprement dit; il
est basé, comme nous l'avons vu, sur l'art. 714,
et M. Toullier a démontré que ce texte ne régissait que les choses *communes*. D'ailleurs,
toutes les dépendances du domaine public, fussent-elles sous l'empire de l'art. 714, ce système
croulerait avec le précédent; les mêmes principes triomphent contre l'un et contre l'autre.
Si le domaine public est régi par des lois de
police, les choses de ce domaine n'en sont pas
moins des *propriétés*; et l'Etat ou la *police* n'en
sont pas moins soumis aux mêmes lois que tout
propriétaire. Aussi avions-nous fait observer,
sur les choses communes, que l'art. 714 était
insuffisant pour décider la question; que cet
art. 714 n'était pas absolument opposé à l'existence des servitudes.

M. Pardessus, malgré la rigueur de son opinion, malgré les termes illimités où elle est

énoncée, finit par l'avouer; et cet aveu a dû
lui coûter : « On ne peut toutefois se dissimuler,
» dit-il, que la situation naturelle des lieux ne
» place souvent les objets qui composent le do-
» maine public ou municipal, dans la dépen-
» dance de quelques fonds particuliers; par
» exemple, lorsqu'ils sont forcés de recevoir
» les eaux qui découlent d'un héritage supé-
» rieur. Ici la nature des choses l'emporte...».(1) Il
a donc fallu en revenir à la doctrine que nous
nous sommes efforcés d'établir. Que l'État consacre quelques-uns de ses biens à des usages
publics, que la jouissance en soit commune;
les nécessités du service public entraîneront
bien des mesures spéciales, et la communauté
de jouissance exigera des réglemens qui l'organisent : des faits seront tolérés, parce qu'ils seront des besoins ou des avantages sociaux, et
personne ne pourra les transformer en *droits*.
Mais que la nature des choses soit renversée,
que des biens ne soient plus une propriété,
qu'ils deviennent insusceptibles d'être acquis ou
grevés de servitudes, que le droit et le fait
soient confondus : c'est une théorie inadmissible, et personne, jusqu'ici, n'a osé en tirer les
conséquences.

____

(1) Voy. le *Traité des Servitudes* de M. Pardessus.
1re partie, pag. 82, n°. 50.

ART. 312 — 315 — 725 — 751 — 756 — 906.

—

Les présomptions des art. 312 et 315 , créées pour la filiation des enfans légitimes , sont-elles applicables aux intérêts purement successifs que portent les art. 725 , 751 , 756 et 906 ?

Un des objets les plus importans du mariage est l'état des enfans ; une de ses nécessités est de constater qu'ils appartiennent au mari. Cependant ils sont impénétrables, ces mystères si profonds de la génération ; et les savans les plus distingués ont renoncé , dès long-temps , à arracher ces secrets de la nature. Des présomptions , des conjectures sont seules permises ; abandonnerait-on la filiation légitime aux faits de la naissance et à la faiblesse de l'art ? Le sort de la famille en dépendait. Le législateur a achevé de la constituer ; les droits et les obligations du mari et de la femme avaient été prescrits ; les devoirs des enfans étaient connus. Il a posé les bases sur lesquelles s'appuieront l'existence légitime et ses prérogatives.

6

Il fallait d'abord fixer la durée de la gestation : si la limite est trop étroite, les enfans
seront dépouillés et flétris ; si elle est trop large,
les étrangers sont introduits dans la famille :
dans le premier cas, on déshonore une épouse :
dans le second, on favorise l'adultère. Le temps
de la conception n'a donc pas été déterminé
d'après la réalité des faits : on a consulté aussi
les dispositions et les mœurs des individus, les
nécessités plus ou moins pressantes de la société.
On est forcé, d'ailleurs, d'abandonner l'exactitude et la rigueur des observations quand on
veut les généraliser ; on n'arrive à un terme
moyen qu'en froissant les réalités, et en mé-
connaissant les faits.

Comme on l'aperçoit, les présomptions des
art. 312 et 315 étaient exigées dans une position
spéciale ; pourquoi les étendre à une position
qui ne les réclame pas ? On leur sacrifie la
vérité dans des cas nombreux, mais un grand
intérêt le demande : là où cet intérêt n'existe
plus, où la sécurité des familles n'est pas compromise, où la morale publique n'est pas atteinte ; là, dis-je, il y aurait contradiction à
renouveler le sacrifice. Si ces présomptions
n'avaient pas été formellement établies pour
la filiation légitime, oserait-on les invoquer,
même pour assurer cette filiation ? Non, sans
aucun doute : comment les imposer aux *suc-*

cessions , pour lesquelles elles ne sont point faites ? Qu'on lise le texte de la loi , on n'y trouvera pas que la *gestation la plus longue soit de trois cents jours* , que la *gestation la plus courte soit de cent quatre-vingts jours ;* on y lira : « La légitimité de l'enfant pourra » être contestée après trois cents jours de la » dissolution du mariage ; l'enfant peut être » désavoué , s'il est né dans les cent quatre-» vingts jours du mariage. » Le législateur se borne à protéger les enfans conçus dans le mariage , à écarter ceux que voudrait y apporter une épouse infidèle : pour cela , il accorde l'action *en désaveu ;* il permet de *contester* , selon que l'enfant naît à l'une des deux époques indiquées ; et ce *désaveu* , et cette *contestation* forment les deux limites de ce principe : « L'enfant conçu pendant le mariage a pour » père le mari. » (Art. 312.)

Aussitôt que l'on dégage le point de la *conception* de la *légitimité* , comment appliquer l'art. 315? Il est vrai que la filiation n'est pas contestable avant trois cents jours ; mais , qu'en résulte-t-il ? Qu'il est possible que l'enfant ait trois cents jours de conception ; et cette possibilité l'emporte sur tous les doutes ; la foi conjugale remplit l'intervalle de cent vingt jours. Si la foi conjugale n'est pas attaquée , qu'aura-t-elle à répondre : si l'on ne nie pas la *possibilité* , pourquoi nous l'opposer? Or nous voulons tout-à-la-fois et que l'enfant soit légitime, et que la conception puisse remonter à trois cents jours : ce que nous cherchons, c'est la réalité du fait ; ce que le successible doit établir, c'est qu'il était conçu trois cents jours avant sa naissance.

Les art 312-315 n'ont point déterminé le temps de la gestation d'une manière positive. L'enfant peut naître après cent quatre-vingts jours comme dans les trois cents : la loi fixe ces deux époques comme également possibles, également probables. C'est entre ces deux termes que toutes les naissances doivent avoir lieu, suivant les dispositions invoquées ; et précisément il n'existe alors ni présomption, ni indice quelconque. On est forcé d'avouer que le législateur n'a tracé aucun caractère auquel on pût reconnaître le jour de la conception ; qu'il a seulement proscrit telle naissance précoce, telle naissance tardive. Il s'agit de prouver qu'il était conçu à l'ouverture de la succession : l'art. 725 l'exige.

Un enfant meurt, laissant son père et sa mère ; deux cents jours après cette mort, un autre enfant est mis au monde : était-il conçu au moment du décès de son frère ? S'il l'était, l'art. 751 lui défère la moitié de l'hérédité fraternelle. Les présomptions des art. 312-315 fournissent-elles le moindre renseignement à cet égard ? Si la gestation peut durer trois cents jours , elle peut ne durer que cent quatre-vingts ; je défie que l'on présente un moyen de décider. Ce qui résulterait seulement du système que nous combattons , c'est que l'enfant , né après trois cents jours , serait réputé n'avoir pas été conçu ; un cas extraordinaire serait prévu et réglé : l'u-niversalisé des enfans successibles serait abandonnée aux observations particulières. Singu-liéres présomptions , qui seraient imposées à une matiére , et qui n'embrasseraient qu'un fait exceptionnel ! Encore une fois , tout a été organisé , par rapport au mariage , dans le cha-pitre Ier du tit. VII : étendre ces dispositions aux sucessions , c'est les créer de nouveau , et les créer en opposition à toutes les vraisem-blances.

Ainsi, l'enfant, né après les trois cents jours de l'ouverture , pourra encore être héritier ; il sera permis de faire constater que tel enfant n'a que cent soixante-dix jours de gestation , et que, par suite , la succession ne lui est jamais échue. Dans l'intervalle de cent quatre-vingts à trois cents , comme à toutes les autres époques, rien ne sera établi, ni présumé par la loi; l'art.725 reste seul ; il ne donne les droits héréditaires que sous une condition : vous réclamez ces droits, prouvez que la condition a été accom-plie. Aucune forme probante n'est ordonnée d'une manière spéciale. Tous les modes de contestation sont admissibles.

L'erreur de MM. Chabot (1) et Toullier (2) est venue de ce que, dans les *successions légitimes*, on attaque presque toujours la légitimité de l'enfant, si l'on doute de sa conception au moment de l'hérédité déférée; de ce que souvent on a pris une question de légitimité pour une difficulté sur le temps de la conception. Titius naît trois cents jours après la mort de son père Caïus; si Titius n'était pas conçu à l'ouverture de la succession, il n'a pas été conçu dans le mariage; il est illégitime. Qu'il naisse cent soixante-cinq jours après la célébration, il ne s'agit plus de savoir s'il était ou non conçu lors du décès de son père; la présomption de l'art. 312 ne pourrait être qu'en sa faveur, puisqu'il ne s'est pas écoulé cent quatre-vingts jours entre ce décès et la naissance : il s'agit de savoir s'il est fils légitime, s'il a été conçu dans le mariage. Alors qu'il s'agit de légitimité, que la *filiation* est compromise, il est tout simple que l'on trouve les garanties dont le législateur les a

---

(1) Voyez Son *Commentaire sur les Successions*, art. 725.

(2) Voyez. M. Toullier, tom. 4. pag. 101. *Droit civil français.*

entourées ; mais, si le débat s'engage en dehors de la filiation légitime, doit-on les rencontrer? Ici encore on a pris les faits pour le droit, et le résultat le plus fréquent a été posé en principe.

Dans l'hérédité dévolue par l'art. 751, il est bien clair que l'on n'attaque ni l'honneur de l'épouse, ni la légitimité de l'enfant. La question roule sur un intérêt purement successif.

Il est donc nécessaire de distinguer les régles de la filiation légitime de celles uniquement relatives au fait de la conception exigé par l'art. 725 : MM. Chabot et Toullier les ont confondues. Ce texte comprend les hérédités légitimes et les successions irrégulières : il faudrait que les présomptions de cent quatre-vingts jours et de trois cents jours régissent la conception des héritiers et des enfans naturels.

Dans les successions irrégulières, on ne touchera jamais la légitimité de l'enfant, on n'atteint point les bases de la famille ; l'intérêt agité est *successif* (1). Titius, avant d'être né, est re-

----

(1) Sans doute, il s'agira bien de savoir si la reconnaissance est vraie, si *A* reconnu par *B* est véritablement le fils de *B.* Mais, en dernière analyse, le fils naturel n'entrant point dans la famille, il ne peut y avoir dans le débat qu'un intérêt de succession. D'ailleurs, MM. Chabot et Toullier plaçant le fait de conception,

connu par Caïus qui décéde ; la mére accouche
d'un enfant, trois cents jours après la mort de
Caïus ; les héritiers seront-ils en droit d'opposer
la présomption de *naissance tardive*, et de prétendre, comme s'il s'agissait d'un fils légitime,
que Titius n'était pas conçu à l'ouverture de
la succession ? Il serait trop long de rappeler
les hypothèses nombreuses, où les art. 312-315
fourniraient un appui aux prétentions opposées
des parens légitimes et de l'enfant naturel; on
les imaginera facilement, après la lecture des
art. 334-340-341, qui fondent les droits du fils
reconnu soit volontairement, soit par justice.
Ce qu'il importait de constater, c'est qu'il
était des cas où la légitimité de l'enfant est
séparée de la conception, où l'art. 725 n'est pas

---

pour la succession irrégulière, sous l'empire des présomptions des art. 312-315, il importe peu que l'intérêt soit
purement *successif*. Il est clair que ces présomptions
ne s'appliquent pas plus à la reconnaissance de l'art. 334
ou à la réclamation des art. 340-341, qu'aux successions.
Dans un cas comme dans l'autre, il ne s'agit plus de mariage ni de légitimité; notre argumentation reste intacte.
Comment un enfant, né deux cents jours après la reconnaissance, serait-il présumé avoir ces deux cents jours de
conception ? Pourquoi ce terme plutôt que celui de cent-
quatre-vingts jours. Le systéme que nous combattons
ne serait pas moins vicieux

compris dans les articles 312-315. La théorie trouve ainsi des faits et une fréquente application.

Inutile de parler de l'art. 766 qui renferme une dévolution semblable à celle de l'art. 751.

MM. Chabot et Toullier n'ont parlé que des *successions ab intestat;* ils eussent, sans doute, étendu leur système aux successions testamentaires et aux donations entre-vifs. L'article 906 est absolument corrélatif à l'art. 725.

C'est dans le testament et la donation que les vices de ce système eussent le mieux ressorti ; tous les motifs que nous avons développés se seraient reproduits avec une égale force et une évidence plus pénétrante.

Concluons donc que les présomptions des articles 312-315 ont été seulement instituées pour garantir l'état des enfans légitimes ; qu'elles sont étrangères aux successions légitimes comme aux successions irrégulières, aux hérédités *ab intestat* comme aux hérédités testamentaires, et aux donations entre-vifs.

Ici la discussion semble complète ; et, en effet, la question posée est entièrement résolue. Mais, à propos de conception et de filiation légitime, M. Toullier a amené une difficulté relative à la viabilité ; nous le suivrons sur ce terrein. Ce profond jurisconsulte enseigne (1) que l'enfant, né avant les cent quatre-vingts jours du mariage, doit être réputé non viable ; la femme ne serait point admise, selon lui, à révéler sa turpitude, en faisant remonter la conception au-delà du mariage ; le mari ne pourrait pas flétrir la mémoire de son épouse dans la tombe. La femme et le mari auraient seulement le droit d'invoquer une reconnaissance authentique, et quelques autres faits aussi décisifs (2).

Je conçois que l'on ait confondu la conception avec la légitimité, et que, dans la présomption des cent quatre vingts jours de la célébration, on ait trouvé la preuve que l'enfant n'était pas

---

(1) Voy. tom. 4. pag. 104-105-106.

(2) Je ne parlerai pas de l'exception introduite par l'auteur à son propre système; il a été contraint de reconnaître les véritables principes de la filiation, et la présomption de non viabilité a fléchi. Ce serait un argument de plus contre le système : si un enfant, né dans les cent soixante-cinq jours, est pourtant *viable* et *légitime*, que devient la maxime fondamentale de M. Toullier? « L'honneur » de la mère et la morale publique exigent qu'on le » déclare *non viable* plutôt qu'*illégitime*. » Tous les inconvéniens qui ont été présentés n'existent-ils plus dans le cas privilégié ? N'est-ce pas violer la loi qu'on s'était faite ? Mais je ne veux discuter la doctrine de l'auteur que dans sa généralité.

conçu au moment de telle succession ouverte; la durée de la gestation et la filiation légitime se compliquent de manière à s'y méprendre. Mais, quel rapport est-il possible d'apercevoir entre un enfant illégitime et un enfant non viable ? Ce n'est pas seulement la précocité de la naissance qui produit la non viabilité, c'est une foule d'accidens et de combinaisons naturelles. Ne parlons, d'ailleurs, que de cette précocité ! De ce qu'une naissance est précoce, l'enfant est-il illégitime : de ce qu'il est illégitime, suit-il que la naissance est précoce ? Je m'efforce de trouver une relation quelconque entre ces faits : ni la loi ni la raison n'en présentent aucune (1).

Si l'enfant naît inviable, il est même peu important de discuter sa légitimité ; le scandale public et le déshonneur de la famille parleront souvent plus haut que le juste ressentiment du mari. Aussi l'art. 314 porte-t-il que l'enfant né dans les cent quatre vingts jours du mariage, ne pourra être désavoué par le père, « s'il n'est pas déclaré » viable ». La loi défend de soulever la question de légitimité, si l'enfant est inviable. M. Toullier le soutient inviable, parce qu'il est illégitime ;

____

(1) Il n'y a pas à s'y tromper : M. Toullier érige l'inviabilité en présomptions *juris et de jure*, dès qu'il y a naissance dans les cent quatre-vingts jours ; il repousse les restrictions imposées au désaveu.

deux faits que l'art. 314 décide incompatibles : on forme de celui-ci le principe ; et, de l'autre, la conséquence.

Supposons le mari décédé. Les héritiers ne pouvaient désavouer que sous les conditions des art. 314, 317 et 318. Maintenant ils diront simplement que l'enfant n'est pas viable, parce qu'il ne sera pas né après le cent quatre-vingtième jour du mariage ; et sous prétexte de non viabilité, cet enfant sera écarté de la succession de son père, dépouillé de son nom légitime. La naissance dans le mariage n'est plus qu'une présomption impuissante ; les garanties qui protégent cette naissance, le respect pour les relations intimes de la famille, un frein à l'avidité des héritiers, tout a disparu de la loi : ce n'est plus un désaveu limité, c'est une illégitimité de plein droit que l'art. 314 proclame.

Si le père survit, il est forcé, comme la mère, de reconnaître la non viabilité de son fils ; rien ne peut s'opposer à ce résultat. Les héritiers de la mère viendront prétendre que l'enfant est non viable, au lieu d'établir qu'il est illégitime ; et ces héritiers ne sont jamais appelés à désavouer. Ce que la loi leur refuse directement, ils l'auront indirectement ; le but est identique. Un père qui vit, qui, malgré lui, voit son fils flétri d'illégitimité ! c'est le renversement matériel de toutes les dispositions du Code. Les art. 312 et 313 suivans ne parlent que de l'action en désaveu accordée au mari ; toujours il est libre de renoncer à cette action : lui seul saura si l'exercice en est loyal.

Dira t-on n'avoir point violé la loi, parce que ces textes ne parlent que de la filiation légitime, et que l'enfant est seulement déclaré non viable ? ne chicanons pas sur les mots, arrivons aux choses. L'enfant, né dans les cent quatre-vingts jours, est-il illégitime par ce seul fait ? est-il écarté de la famille, dépouillé de ses droits ? Non. En le déclarant non viable, vous le supposez illégitime : c'est M. Toullier qui l'avoue ; vous le frappez de l'incapacité d'être héritier. Vous changez donc son état, vous violez donc l'art. 314. Les héritiers de la femme ont-ils jamais la faculté de désavouer l'enfant de la mère ? Non. S'ils le réputent non viable, en le supposant illégitime ; si, en résultat, ils arrachent un fils à son père, ils usurpent donc ce qui leur a été refusé. J'invoque les propres doctrines de M. Toullier : est-il un seul cas, dans toute la législation, où l'origine du fils puisse être suspectée, où l'épouse puisse être déshonorée, contre l'assentiment du père, malgré le témoignage de l'époux ? Cependant, l'enfant, né dans les cent-quatre-vingts jours, serait *inviable,* il n'appartiendrait pas au mariage, il perdrait toutes les prérogatives de la légitimité ; le mari réclamerait inutilement. *Il vaut mieux le réputer non viable, que le déclarer illégitime* (1).

---

(1) C'est le fondement de l'opinion : s'il ne faut qu'opter entre l'inviabilité et l'illégitimité, pourquoi déclarer l'enfant inviable alors qu'il peut n'être pas illégitime. L'auteur lui-même enseigne que « la renonciation expresse » ou tacite du mari éteint irrévocablement l'action en dé- » saveu, qui ne peut être intentée par ses héritiers. C'est » le mari qui est, après la femme, le seul juge de la » paternité. » S'il n'y a pas faculté de désavouer l'enfant, comment le supposer illégitime ? et, s'il est légitime, comment le faire inviable ? Ce n'est donc pas à l'illégi- timité que l'on préfère l'inviabilité, mais à la crainte que l'enfant ne soit illégitime. On pousse la prudence jusqu'à empêcher cet enfant d'entrer dans la famille, de peur qu'il n'en sorte.

Et pourquoi cette crainte est-elle alors si puissante? Sans doute la révélation de mauvaises mœurs est un scandale funeste ; mais cette révélation a lieu dans tous cas qui sortent des art. 312-313-315, n'aurait-elle d'in- fluence que dans l'art. 314 ? Il y a plus : le désaveu n'em- porte aucuns détails, lorsqu'il a lieu par suite de la nais- sance avant le cent quatre-vingtième jour ; c'est dans les art. 312-313 qu'il présente de véritables dangers pour la morale publique ; c'est seulement alors que *l'adultère* est certain, et que l'opinion dans ses retours ne peut pas même accuser la déloyauté du mari : on devrait *à fortiori*, déclarer inviable tout enfant susceptible d'être ainsi désavoué. Assurément, le meilleur moyen d'empêcher que l'on ne conteste l'état des enfans, c'est de le leur enlever; mais le législateur, à ce qu'il paraît, l'a jugé trop violent.

Enfin cette inviabilité fictive, le législateur en a-t-il dit un seul mot? Vous présumez que tel enfant naît inviable: où se trouve cette présomption? Le droit commun est l'art. 725, et il faut constater que le successible était viable; mais une circonstance quelconque n'est pas même présentée comme indice; la viabilité est un fait absolument abandonné aux ressources de l'art et aux jugemens individuels.

ART. 778 — 780 — 800.

—

Le successible, reconnu héritier par un juge-
ment, est-il déchu de la faculté de renoncer,
même à l'égard de ceux qui n'ont pas été
parties dans ce jugement ?

Les art. 778-780 renferment les divers caractères d'*héritier* ; aucun n'exprime un rapport
particulier ; tous portent l'empreinte de l'universalité. Ne confondons pas la nature intrinsèque
de ces caractères avec les formes destinées
à les manifester. On n'a pas voulu, jusqu'ici, distinguer la qualité d'*héritier* de l'acte ou du jugement qui la prouve ; et l'on s'est dit que cette
qualité était *divisible*, parce que le jugement
n'avait qu'une force *individuelle*. La loi ne s'est
pas occupée des formes ; elle a tracé les causes
qui feraient l'héritier. Si chacune est universelle, en telle sorte que l'on doive être *héritier*
pour tous, que l'on ne puisse le devenir envers
Jacques, sans le devenir aussitôt envers Paul, il
faudra avouer que, dans la pensée du législateur,

l'adition d'hérédité n'a point existé pour une partie, qu'elle a été considérée comme indivisible.

Maintenant, le jugement sera-t-il opposable à
tous, sera-t-il une preuve indivisible? sans doute:
L'art. 1351 porte qu'il n'y a chose jugée qu'entre
les parties; mais, comment appliquer ce principe
à une chose universelle de sa nature? Par cela
seul que la chose sera établie pour l'un, ne sera-
t-elle pas établie pour l'autre? Dès que l'on suppose la qualité d'héritier imprimée, elle est nécessairement imprimée pour tous; autrement les
principes sont illusoires; il faut changer tous les
termes des art. 779 et 780. Il ne sera pas vrai de
dire que tel fait rend un successible héritier,
puisqu'en définitif il pourra n'entraîner que
certaines charges de la succession. Et, comme un
fait quelconque pourra toujours être contesté,
qu'un jugement sera alors indispensable, les caractères généraux *d'héritier* ne seront plus que
des mots vides de sens. Le législateur aura voulu
que celui qui prend le titre d'héritier, soit *héritier*,
c'est-à-dire chargé d'une universalité d'obligations et de droits; ce titre aura été pris, et il n'em-
portera qu'une obligation déterminée envers
un individu désigné (1).

____

(1) Cela serait vrai même quand il n'y aurait pas de
contestation. Les actes, comme nous l'établirons bientôt,

7

L'art. 800 ne leverait-il pas tous les doutes?
« L'héritier conserve néanmoins la faculté de....
» s'il n'a pas fait d'ailleurs acte d'héritier, ou s'il
» n'existe pas contre lui de jugement passé en
» force de chose jugée, qui le condamne en
» qualité d'héritier pur et simple. » L'acte d'héritier et le jugement qui le reconnaît sont identifiés; et personne ne contestera que cet acte d'héritier, en lui-même, ne soit *acte d'héritier* pour tous; il diffère essentiellement de *cet acte jugé*, si ce dernier n'a qu'un effet divisé et particulier.

L'unique et grand argument de MM. Chabot (1) et Toullier (2), c'est que l'article 800

---

ne font foi qu'entre les parties : les créanciers qui n'auraient pas été parties seront donc obligés de faire déclarer la qualité d'héritier. Ce qu'il y a de remarquable, c'est que ces actes n'intervenant, pour la plupart du temps, qu'entre des successibles et des tiers détenteurs, les créanciers ne pourraient s'appuyer sur ces actes. Pourtant l'art. 778 porte : « L'acceptation est expresse, quand on prend le titre ou la qualité d'héritier dans un acte authentique et privé.....» La qualité universelle l'emporte donc; l'acte qui, par lui-même ne prouve qu'entre les parties, prouve contre tous par la force de la chose constatée.

(1) Voy. le *Commentaire* de M. Chabot sur l'art. 800.
(2) Voy. le *Traité* de M. Toullier. Tom. IV et X, pag. 357, 344 et suivantes.

exige formellement, pour que le successible soit réputé héritier pur et simple, qu'il y ait jugement passé en force de chose jugée ; et que la force de la chose jugée n'existe jamais à l'égard d'autres personnes que celles qui ont été parties dans l'instance. Ils éludent la difficulté. Sans doute, il est vrai, en principe général, qu'il n'y a *chose jugée* qu'entre les *parties* ; mais il s'agit préalablement de savoir si ce principe est applicable dans l'hypothèse de l'art. 800, s'il régit les choses indivisibles. Or, ce texte dit formellement que le successible est héritier, s'il a été condamné comme tel ; il ne distingue pas les personnes qui peuvent arguer de cette condamnation ; il ne dit pas que la chose jugée ne le sera qu'à l'époque de ceux qui l'auront fait juger ; il porte, au contraire, que la qualité d'héritier, une fois déclarée par un jugement en dernier ressort, subsistera à l'égard de tous. La chose jugée y est prise abstraitement, dégagée des individus, des parties ou étrangers au procès ; et il est statué que cette chose jugée fera *héritier*, imposera toutes les obligations et tous les droits du défunt.

En vain s'efforce-t-on de concilier l'art. 800 avec l'art. 1351 ; je ne concevrai jamais un accord entre le premier, qui enlève la faculté de renoncer d'une manière absolue, qui imprime une qualité indéfinie ; et le second, qui prive des effets de la renonciaion à l'égard d'une personne, qui

*

établit une relation connue et limitée. Dans l'un, on est héritier envers tous; dans l'autre, on n'est héritier envers personne, excepté envers celui qui a obtenu le jugement. Y a-t-il là quelque ressemblance ?

Il était trop évident que les textes se repoussaient. On a invoqué la discussion du 9 nivôse an 11, pour en faire ressortir leur conciliation ; voici le procès-verbal (1).

A la suite de l'art. 780, on propose l'art. suivant : « Celui contre lequel un créancier de la
» succession a obtenu un jugement, même
» contradictoire, passé en force de chose jugée,
» qui le condamne comme héritier, n'est ré-
» puté héritier, en vertu de ce jugement, qu'à
» l'égard seulement du créancier qui l'a ob-
» tenu ».

Le C. Tronchet dit que, dans le projet du Code civil, on avait fait une distinction entre les jugemens contradictoires et les jugemens par défaut. Ces derniers ne profitaient qu'aux demandeurs; mais quand la qualité contestée par l'héritier avait été jugée contradictoirement avec lui, elle était constatée à l'égard de tous.

Le C. Treilhard dit que la section n'a pas

---

(1) Il est utile de rapporter la discussion tout entière; elle épargne beaucoup de développement.

cru devoir admettre cette distinction en principe général: les jugemens contradictoires ou par défaut ne profitaient qu'à ceux qui les obtiennent ; et il est possible, d'ailleurs, que le condamné ait été mal défendu , qu'il ait été trahi par ses défenseurs , ou qu'on n'ait point allégué tous ses moyens.

Le C. Defermont objecte qu'il est possible aussi que le condamné traite avec sa partie adverse, retire les pièces et les supprime.

Le C. Treilhard répond que , si l'on s'arrête aux prévarications possibles, aucune loi ne peut être bonne. Au surplus, l'existence des pièces est constatée par le premier jugement.

Le C. Boulay objecte que la vérité est une, et qu'on ne peut avoir à l'égard de l'un , une qualité qu'on n'ait point à l'égard de l'autre.

Le C. Muraire dit qu'il serait difficile de ne pas regarder, comme ayant accepté l'hérédité, celui qui a laissé passer en force de chose jugée le jugement qui le déclare héritier. Par son silence , il a évidemment manifesté sa volonté. Cette preuve est même plus forte que celle qu'on peut tirer d'un acte sous seing privé.

Le C. Excudery dit que cet argument n'a de force que dans le cas d'un jugemènt contradictoire. A l'égard des jugemens par défaut , ils sont souvent obtenus à l'insu de celui qu'ils frappent. On objectera qu'ils sont susceptibles d'opposition : mais les déboutés d'opposition s'obtiennent d'une manière aussi cachée que les jugemens par défaut ; et, quand on considère que la négligence d'un avoué ou d'un domestique peut compromettre la fortune d'un citoyen, on est disposé à donner moins d'importance à ces sortes de condamnation.

Le C. Malleville dit que, si celui qui a fait acte d'héritier, est par cela seul réputé, à l'égard de tous, avoir accepté la succession, à plus forte raison doit-il en être ainsi de celui dont la qualité a été jugée d'après une plaidoierie contradictoire. Pour faire adopter l'opinion contraire, on dit qu'un jugement n'a de force qu'à l'égard de celui contre lequel il est rendu, et qu'il est étranger à tous les autres ; mais on pourrait faire la même observation vis-à-vis du successible qui a payé volontairement un seul des créanciers de la succession, ou qui poursuit en revendication l'usurpateur de quelques fonds de cette succession ; cependant, dans ce cas, on convient que le successible a fait irrévocablement un acte d'héritier, et qu'il est tenu comme tel vis-à-vis de tout le monde. On n'invoque point la règle *res inter alios acta* : mais pourquoi, dans la même matière, cette règle aurait-elle plus d'effet contre un jugement solennel, qui déclare positivement que tel est héritier de tel ?

Le C. Treilhard dit qu'il y a entre ces deux cas cette différence que , dans le premier , l'appelé a manifesté la volonté d'être héritier ; que, dans le second , au contraire , il a désavoué cette qualité.

Le C. Bigot-Préameneu dit qu'il serait bizarre d'obliger chaque créancier à faire juger de nouveau la qualité d'héritier. A la vérité , les jugemens n'ont d'effet que pour le même fait entre les mêmes parties ; mais ce n'est que lorsqu'il s'agit du réglement de droits particuliers. S'agit-il d'une qualité universelle , le jugement qui la déclare profite en toute occasion à celui à qui elle est donnée , comme elle profite contre lui à tous les intéressés.

Le C. Regnauld (de Saint-Jean-d'Angely) dit que la qualité d'héritier est un fait positif, qui ne peut toutefois exister et ne pas exister. Si donc un jugement décide qu'elle existe , et qu'un autre décide qu'elle n'existe pas , ils ne pourront subsister ensemble: mais alors auquel des deux devra-t-on croire ? Il faudra donc que le tribunal de Cassation intervienne pour départager.

Le C. Treilhard répond que les deux jugemens peuvent subsister , parce qu'ils ne sont pas rendus entre les mêmes personnes.

Le C. Jolivet observe que souvent un parent paie les dettes du défunt seulement par honneur, et sans néanmoins vouloir se porter héritier, et que, d'après ce motif d'honneur, il n'exige pas de cession et se contente d'une simple quittance. Cet exemple prouve qu'il ne faut pas regarder comme adition d'hérédité tous les actes indifféremment, ni, par conséquent, tout acquiescement apparent aux condamnations qu'on a subies.

Le C. Tronchet dit que l'intérêt de la société repousse une disposition qui multiplierait les procés, en forçant une foule de créanciers à faire juger de nouveau un fait déjà jugé. Quelquefois même, à l'époque où les créanciers formeraient leur action, les preuves auraient disparu, et la succession dilapidée, dans l'intervalle, n'offrirait plus de prise à leurs droits.

Une qualité universelle, déclarée par les tribunaux, doit être certaine à l'égard de tous ceux qui ont intérêt à la faire valoir.

Le C. Berlier pense comme le C. Treilhard, que l'article est juste, et que la proposition contraire ne s'accorde pas avec l'adage trivial, que les jugemens sont bons pour ceux qui les obtiennent.

Pour étendre les dispositions du jugement dont l'article s'occupe, à d'autres qu'à ceux qui y sont parties, on dit que l'acte d'adition qualifié par un jugement en dernier ressort, devient une vérité constante envers la société entière.

Ainsi l'on voudrait que ce jugement liât tous les autres tribunaux et ne leur permît plus, s'ils étaient saisis par une nouvelle instance avec d'autres parties, d'examiner les faits qui étaient la matière du premier jugement et de les apprécier. N'est-ce pas trop circonscrire le ministère des juges; et ressusciter la jurisprudence des arrêts avec plus d'intensité qu'elle n'en eut jamais.

Eh quoi! si un individu attaqué par un créancier de la succession, et mal défendu, a été condamné vis-à-vis de lui, il faudra qu'il le soit vis-à-vis de tous les autres!

Vainement allègue-t-on le besoin de fixer les qualités et d'éloigner les procés; car celui qui aura été condamné une fois, aura, dans le cas où il plaiderait, à lutter contre un préjugé très-fort, s'il est traduit devant un tribunal, autre que celui qui a prononcé la première fois, et bien plus fort encore si c'est devant le même tribunal : cette crainte suffira pour éloigner les mauvaises difficultés. Il est bon que le premier jugement serve comme préjugé, et cela est dans la nature des choses; mais ce serait trop faire que de lui imprimer un caractère aussi irréfragable que celui de la loi.

Est-ce avec fondement qu'on redoute les dilapidations intermédiaires ? Mais, pour dilapider, il faut s'immiscer ; et celui qui s'est immiscé ne

se présente pas avec avantage pour dénier
ensuite la qualité d'heritier , de sorte que la
difficulté bien entendue se réduit à quelques
faits équivoques d'adition , qui auront été
accueillis par un jugement. Mais est-ce le cas
alors de déroger à la règle commune ?

Le C. Berlier lit ensuite l'art. 1351 , titre des
Conventions , du projet du Code civil, ainsi
conçu :

« L'autorité de la chose jugée n'a lieu qu'à
l'égard de ce qui a fait l'objet du jugement.
Il faut...... ».

L'opinant conclut en faveur de l'article en
discussion , et avoue cependant que si l'article
qu'il vient de citer passe comme il y a lieu de
l'espérer, celui qu'on discute pourrait être *sup-
primé comme inutile ;* attendu que le principe général recevrait son application de cette
espéce comme de toutes les autres.

Le C. Réal observe qu'un individu, déclaré
héritier par un jugement , peut être ensuite
exclu par le véritable héritier ; sa qualité n'est
donc pas irrévocablement certaine, et, dès-lors,
elle peut être soumise au jugement de plusieurs
tribunaux.

L'article est retranché.

De tout ceci, il résulte un fait bien constant,
c'est que l'article de la section n'a pas été admis,
c'est que les art. 778 et 780 restent seuls sur la

matière. Ces textes ne parlent d'aucune relation particulière *d'héritier ;* ils énoncent des faits généraux, ils impriment une qualité universelle; leur vœu incontestable est que, tel fait accompli, le successible soit chargé de toute l'hérédité. Serait-il possible d'imaginer que la qualité d'héritier, prise dans un acte authentique ou privé, conformément à l'art. 778, ne les rendît pas héritiers envers tous? Tel sera pourtant le résultat de tous les *faits d'héritier,* si le jugement ne les constate qu'à l'égard des parties : on anéantit les art. 778 et 780, si l'on applique aux choses indivisibles la rigueur de l'art. 1351 : ce n'était pas la peine de les insérer dans le Code. Comment soutenir une pareille déception ? Qu'on l'avoue donc : l'art. 1351 ne régit pas la qualité d'héritier, c'est une dérogation, si l'on veut; mais, la sphère exceptionnelle est tracée par les art. 778 et 780, et, dans cette sphère, il faudrait une autre exception formellement écrite, pour que l'on fût héritier à l'égard de l'un, sans le devenir à l'égard de l'autre. Si l'article proposé à la suite du 780e. eût été admis, il n'y aurait qu'à appliquer un système pourtant contradictoire ; mais cet article n'a point passé dans la loi : c'est aux art. 778 et 780 que l'on doit s'attacher exclusivement, comme l'on devrait s'attacher à l'art. 1351 s'il s'agissait de choses ordinaires et divisibles.

Peut-être est-il établi que l'article de la section était nécessaire : MM. Chabot et Toullier prétendent qu'on l'a retranché comme inutile. Le C. Berlier est le seul qui ait parlé d'inutilité, et encore il conclut positivement en faveur de l'article; conséquemment, la question se posait d'une manière plus nette : le jugement vaudra-t-il pour tous ? vaudra-t-il seulement entre les parties? Que l'on suppose du moins que la proposition adoptée ait été faite; il n'est pas assez vraisemblable, qu'après une discussion longue et approfondie, on décide tout à coup ce que personne ne veut ni ne demande. Le projet de la section restreignait aux parties l'effet du jugement : ce projet n'a pas été maintenu; le jugement profite donc à tous.

Je voudrais ne pas m'arrêter à l'argument que l'on tire du mot *retranché* dont se sert le procès-verbal; *on retranche*, dit-on, ce qui *est inutile* : le conseil aurait commis cette faute en mille autres occasions, ainsi qu'il est facile de s'en convaincre par les procès-verbaux. Qu'est-ce d'ailleurs que cette subtilité grammaticale ? Est-ce dans une vaine synonymie que le jurisconsulte doit concentrer ses méditations ? L'article n'a pas été adopté, voilà ce que constate le procès-verbal : je n'insisterai pas davantage.

Où se trouve la conciliation des art. 800 et 1351 ? comment avancer qu' la discussion applique, de plein droit, aux choses indivisibles, le jugement de la chose divisible? Quand les termes des deux textes ne seraient pas incompatibles, il reste toujours que les principes généraux de la matière sont pour l'universalité de la qualité d'héritier. Ne changeons pas de rôle : ce n'est pas à nous de prouver une exception à l'art. 1351 ; elle est nécessitée par les art. 778 et 780 ; c'est à MM. Chabot et Toullier d'établir une dérogation à ces art. 778 et 780. Si donc la moindre obscurité pouvait couvrir ou l'intention du législateur, ou l'expression des textes, il faudrait, par cela seul, repousser toute exception, et s'en tenir rigoureusement à la loi qui veut que l'héritier envers Titus le soit envers Caïus et tous autres.

On a invoqué un arrêt de cassation, du 24 mars 1812 ; cet arrêt a jugé, comme ceux des 1er nivôse an 9 et 8 frimaire an 11, que, lorsque la question relative à la qualité d'héritier n'a été agitée qu'incidemment, lorsqu'elle n'a été proposée que pour défense à l'action principale, dont l'intérêt n'excédait point la compétence du premier ressort, le tribunal a pu statuer sur le tout en dernier ressort. On a voulu en induire que cette décision sur la qualité d'héritier était restreinte , dans ses effets, au seul objet de la demande principale. Il serait contre toute raison, a-t-on ajouté, que cette décision fixât la qualité d'héritier pour tous les créanciers, et fût rendue en dernier ressort par un tribunal de première instance. Si le jugement porte sur quelque chose d'indéterminé, l'appel est de droit.

Cet arrêt serait concluant, si le tribunal devait décider sa compétence, d'après la qualité d'héritier agitée incidemment : il en résulterait bien que cette qualité n'a pas un effet indéterminé. Mais si les règles de la compétence veulent que l'on n'ait pas égard à l'incident ; si la demande principale doit seule être considérée; si cet adage est vulgaire, *tout juge de l'action est juge de l'exception*, le tribunal doit juger en dernier ressort, quoique le fait incident ait des conséquences indéterminées. C'est ce qu'explique parfaitement un arrêt de la même cour, du 23 brumaire an 12; il porte que, lorsque la qualité d'héritier est agitée d'une manière principale, le tribunal ne juge qu'en premier ressort. Ainsi, l'arrêt de 1812 prononce sur un réglement de compétence, et non sur l'indivisibilité d'un jugement.

Veut-on à toute force que cet arrêt soit contraire à la qualité universelle de l'héritier? M. Chabot n'aura rien fait encore. L'arrêt du 23 brumaire nous reste; et, lorsque la qualité d'héritier sera l'objet principal de la cause, il est du moins certain qu'elle aura un effet indéterminé, que le titre d'héritier ne sera pas divisé et partiel. Dans plusieurs cas, du moins, les art. 778 et 780 triompheront de l'art. 1351 : il y aura une limite, une dérogation et l'auteur ne veut ni limite ni dérogation. Il faut, en effet, que l'art. 1351 soit appliqué purement et simplement, ou que la qualité d'héritier soit, dans tous les cas, universelle.

Mais la cour suprême n'a pas touché ce point; elle s'est bornée à décider que la compétence se réglait d'après la demande principale, et non par les incidens qui s'élèvent sur cette demande. Les arrêts statuent que la qualité d'héritier, si elle est agitée principalement, forme une demande excédant le premier ressort; que cette qualité, si elle n'est qu'un incident, ne suffit pas pour que la demande principale reçoive deux degrés de juridiction.

Nous n'avons rien dit de l'intérêt social, de l'ordre public, qui exigent que la personne civile ne meure pas, qui ne libèrent l'héritier des charges de la succession que sous de sévères conditions. Sera-t-il permis d'essayer les dépouilles du défunt, et de les rejeter à volonté? On se sera proclamé héritier, toutes les relations qu'avait formées le défunt auront été acceptées, tous étaient rassurés sur leurs droits, le vide était rempli, et l'inquiétude renaît bientôt : de nombreux rapports vont être brisés, les droits seront anéantis, la mort a frappé une partie de la société elle-même ! M. Toullier ne voit à tout cela aucune difficulté, pas plus qu'à ce qu'un enfant soit en même temps légitime et illégitime ; il a même consacré une longue dissertation à prouver cette dernière possibilité. Je passe condamnation pour l'héritier qui n'héritera pas, si réellement le bâtard se trouve légitime : voyons s'il en sera jamais ainsi.

C'est au droit romain et à l'ancienne jurisprudence que l'on s'est adressé d'abord ; malheureusement ils sont plus formels encore que le droit nouveau. Ce qu'il y a de remarquable, c'est que l'auteur rappelle leurs dispositions ; il dit avec les jurisconsultes des deux législations : « Les questions d'état une fois jugées ne peuvent » plus être remises en jugement. C'est à elles » que s'applique éminemment la maxime, *res* » *judicata pro veritate habetur.* Quand même » le jugement serait mal rendu, il a force de « *chose jugée contre tous* ; c'est désormais » *une loi*; ainsi l'exigent *l'ordre public* et la » *paix de la société* ». Qui ne croirait, à cet exposé, que la légitimité est indivisible ! Mais, comme il faut que ce jugement soit rendu avec quelqu'un, on y intéressera tout le monde. Ulpien et d'Argenté écrivaient que la légitimité devait se constater avec un contradicteur légitime; et ce contradicteur légitime était celui qui avait le *premier et principal intérêt.*

Un enfant réclame son état: le père et la mère ont chacun le même *premier et principal intérêt* ; mais l'état jugé avec eux pourra-t-il être remis en question ? Non évidemment, d'après le droit romain et l'ancienne jurisprudence; non, d'après d'Argentrée, *dans sa question 27, sur le partage des nobles ;* Non, d'après la loi 29 *au digeste*, *liv.* 40, *tit.* 12. M. Toullier soutient, au contraire, que des enfans issus d'un précédent mariage de l'un des époux ont un intérêt né et actuel, un intérêt pressant et réel de ne pas voir un intrus s'introduire dans leur famille. Alors je le demande, où s'arrêtera-t-on ? Quand se trouvera fixée la légitimité de l'enfant ? Tous les membres d'une famille ont cet intérêt né et actuel, réel et pressant, dont on parle; chacun viendra-t-il successivement agiter les droits de l'enfant, contester sa légitimité ? Ce n'est plus une loi romaine, ni des jurisconsultes, que contredit M. Toullier qui les invoquait tout à l'heure; l'auteur rétracte le principe qu'il avait posé : le jugement de la légitimité n'est plus une *loi pour tous*, puisque chacun se soustrait à sa décision.

L'arrêt du 6 janvier 1809, cité à l'appui de cette doctrine, en est une condamnation positive. Un enfant réclame pour mère la dame Voyneau, épouse d'un émigré; jugement qui la déclare mère de cet enfant ; le sieur Voyneau, rentré

en France par amnistie, forme tierce-opposition
au jugement; la cour de Poitiers le juge non re-
cevable : la cour Suprême casse son arrêt, mais
sur quels motifs ? sur ce qu'il n'a pas été *représenté dans la cause*, sur ce qu'il n'y a pas eu de
légitime contradicteur (1). Le S[r]. Voyneau avait
un autre enfant : cet enfant eût-il été admis,
après son père, à contester la légitimité jugée ?
Non, puisque le sieur Voyneau et sa famille
eussent *été représentés ;* cependant, la fille
du sieur Voyneau avait un intérêt né et actuel
dans le sens de M. Toullier.

Ainsi, il demeure bien établi que la légitimité
ne peut être mise en question lorsqu'elle a été
une fois jugée, qu'elle l'a été avec ceux qui
avaient le droit de procéder dans un pareil jugement; il demeure établi qu'à la différence des
choses ordinaires et divisibles, la qualité d'enfant légitime ne peut être contestée par ceux

---

(1) Voici les considérans : « que le droit du S[r]. Voyneau
de défendre l'état d'un enfant né de son mariage, et, par
conséquent, de repousser un individu auquel il impute
d'avoir cherché et de chercher encore à se faire substituer
à cet enfant, a précédé son émigration ; ...... Ici vient
une difficulté relative au Sénatus-Consulte de l'an 10....
Considérant qu'un tel droit ne peut se trouver anéanti par
un arrêt rendu à la charge de son épouse, *seule en cause*
sans qu'il ait été appelé, ni personne représentant soit
lui-même, soit *sa famille :* d'où il suit.....

qui y ont intérêt. On est donc forcé d'admettre cette indivisibilité, que l'on traite si dédaigneusement de chimère et de sophisme.

Toutefois il est un dernier retranchement, et l'on s'en est emparé. Plusieurs personnes auront un *intérêt principal et premier*, les deux époux, par exemple, en matière de filiation; s'il est jugé séparément contre chacun de ces époux que l'enfant est légitime et illégitime, n'y aura-t-il pas une légitimité partielle et divisée? l'enfant ne sera-t-il pas légitime à l'égard de l'un, illégitime à l'égard de l'autre? La division serait très-bornée, mais il y aurait divisibilité. L'arrêt du 20 juillet 1790 du parlement de Paris est appelé à l'appui de cette légitimité, divisible pour certaines personnes, indivisible pour certaines autres.............................

Étienne Masson épouse une femme qui accouche d'un fils quatre-vingt-cinq jours après son mariage; cet enfant est inscrit à l'état civil, comme issu d'Etienne Masson et de Marie Rotisset son épouse, et sous le nom de *Jean Masson*. Après la mort de Marie Rotisset, un tuteur est nommé à l'enfant; dans la suite, Jean Masson poursuit son tuteur, frère de Marie Rotisset, en reddition de compte; le tuteur répond que Masson n'a jamais rien possédé; qu'il est bâtard adultérin, qu'il ne lui est dû aucun compte : un arrêt du 10 mai 1773 consacre cette réponse. Après la mort d'Etienne Masson son père, Jean Masson forme la même demande, contre son hérédité, qu'il avait formée contre celle de sa mère ; il fait même rapporter la sentence obtenue contre lui par son tuteur Rotisset, actuellement décédé. Une fille d'Etienne Masson, alors contradicteur légitime, se rend opposante à l'arrêt qui reconnaît Jean Masson enfant légitime, et qui condamne la succession Rotisset à lui rendre compte.

Sur tout cela, la question est débattue au parlement de Paris ; intervient un arrêt définitif qui prononce en ces termes : . . . . « Emendant, » évoquant le principal et y faisant droit, reçoit » la fille Masson tierce-opposante à l'arrêt du » 29 mars 1789 (qui avait condamné la succes- » sion de Rotisset à rendre compte à Jean Mas- » son, comme à un enfant légitime) ; faisant » droit sur sa tierce-opposition, déclare cet ar- » rêt, *à l'égard de ladite fille Masson*, nul et » comme non avenu. . . . . » On argumente de ces termes, *à l'égard de ladite fille*, et l'on dit qu'il n'y a illégitimité que pour la fille Masson ; que Jean Masson était légitime pour les héritiers Rotisset, ces derniers ne s'étant point pourvus.

Si l'arrêt du 20 juillet 1790 ne rétracte l'arrêt du 29 mars 1789, qu'à l'égard de la fille Masson, c'est que cette fille est seule en cause : le parle-

ment n'étant point saisi par les héritiers Rotisset n'a rien à prononcer à leur égard. Mais cet
arrêt du 29 mars acquerra-t-il la force de chose
jugée, en telle sorte que les héritiers Rotisset
soient contraints de l'observer ? C'est ce que ne
décide point l'arrêt du 20 juillet. Quand ces
héritiers attaqueront l'arrêt du 29 mars, ils diront que Jean Masson a été déclaré illégitime,
qu'il ne peut être à la fois bâtard et fils du mariage, que ces deux qualités sont incompatibles.
La fille Masson était un contradicteur légitime ;
elle a pu remettre en question la qualité de l'enfant, parce que cette qualité n'était pas constatée
envers elle ; elle avait un droit identique à celui
des héritiers Rotisset, elle a donc fait juger contre tous que Jean Masson était illégitime. En at-
taquant l'arrêt du 29 mars, la fille Masson attaque cet arrêt tout entier ; la question se pose dans
des termes aussi généraux que si cet arrêt n'existait pas : en vain a-t-il été rendu contre les héritiers Rotisset, il est insignifiant dès qu'il n'est
pas opposable à un contradicteur légitime, et le
nouvel arrêt juge contre tous, comme le premier
avait jugé. Mais, contre ce nouvel arrêt une attaque n'est plus possible : les héritiers Rotisset ont
épuisé leur droit de contradicteur légitime ; ce
qu'il y a d'établi contre eux comme contre tous,
c'est que Jean Masson est un bâtard.

Qu'importe maintenant que l'arrêt du 20

juillet 1790 ne comprenne, dans ces termes, que la fille Masson ? encore une fois, il en devait être ainsi, puisque la fille Masson était seule partie au procès. Sans doute l'arrêt du 29 mars est une forme qu'il faudra détruire ; mais c'est une forme sans valeur réelle, et il suffira de réclamer, pour la faire anéantir. En matière d'obligation conventionnelle, l'acte qui ne renferme pas les élémens essentiels du contrat est aussi une forme, une vaine apparence ; et pourtant, toute vaine qu'elle est, un jugement est nécessaire pour la démentir. Les héritiers Rotisset n'élevant aucune réclamation, la fille Masson a introduit l'instance ; le parlement devait déclarer, *à l'égard de cette fille*, l'arrêt du 29 mars nul et non avenu. Mais conclure de là que Jean Masson est légitime pour la ligne maternelle, c'est une conséquence étrangère à l'arrêt du 20 juillet ; que cette ligne maternelle s'adresse à la justice, et elle profitera de cet arrêt du 20 juillet.

Il est vrai que les héritiers Rotisset exécutent l'arrêt ; mais cette exécution matérielle n'a aucune influence sur les droits de Jean Masson. Empêchera-t-on des membres d'une famille de regarder tel enfant comme légitime, quoiqu'il ait été déclaré illégitime, quand ces membres ne seraient sous le coup d'aucun jugement, quand même ils n'eussent pas eu le droit de procéder en cette matière ? Et cet enfant abdiquera-t-il son origine, parce qu'on lui permettra de recueillir une hérédité, ou que l'usurpation d'autres prérogatives sera tolérée par une famille ?

La réponse à l'arrêt du parlement de Paris s'appliquerait à l'arrêt de cassation du 25 pluviôse an 2. Jean Masson prétendait que la qualité d'enfant légitime devait être jugée d'une manière principale, et que les décisions précédentes, rendues incidemment, n'étaient d'aucun effet sur ce point. La cour Suprême a jugé seulement que la question d'état, agitée d'une manière incidente, était fixée comme si elle eût été la demande principale (1). Reste toujours

____

(1) On se souvient que M. Chabot regarde la qualité d'héritier indivisible quand elle est jugée principalement ; divisible quand elle est jugée incidemment. M. Toullier reconnaît, avec la Cour suprême, que le fait indivisible, dans le premier cas, l'est également dans le second : et ces jurisconsultes enseignent la même doctrine.

L'arrêt est remarquable par la généralité de ses termes bien autrement énergiques que ceux de l'arrêt du parlement de Paris : « Casse le jugement du 18 octobre 1792, « parce qu'en confirmant celui du premier précédent, qui « avait rejeté la fin de non-recevoir, résultant desdits « arrêts, proposée par la citoyenne Nugent (fille Masson) « contre l'action dirigée contre elle par ledit citoyen « Masson, tendant à ce qu'il fût déclaré fils légitime « de ses père et mère, *il a remis en jugement une* à savoir l'influence de l'illégitimité jugée de Masson, a l'égard des héritiers Rotisset.

Maintenant, est-il établi que la légitimité soit divisible ou dans le droit romain, ou dans l'ancien droit français, ou dans le droit nouveau ? ne faut-il pas en revenir à cette maxime de toutes les législations qu'a répétée M. Toullier lui-même ? « la question d'état, une fois jugée, ne » peut plus être remise en jugement ; c'est désormais une loi pour tous : ainsi le veulent » l'ordre public et la paix de la société ».(1)

« *question d'état invariablement fixée* par lesdits « deux arrêts contradictoires, rendus par le parlement de « Paris.......»

La Cour ne distingue pas une légitimité pour la ligne maternelle, et une illégitimité pour la ligne paternelle; elle dit : *une question d'état invariablement fixée.*

(1) Contre la théorie ci-dessus exposée, il ne s'élève qu'un seul arrêt du 11 avril 1821, de la Cour royale d'Angers ; cet arrêt demeure sans influence : assez de motifs en ont été déduits.

ART. 896. — 897. — 898. — 899.

—

IL a été une époque où le seul nom de l'aristo-
cratie faisait trembler ; le premier soin a été de
détruire tous les appuis qu'elle s'était créés ; on
a tenté de niveler les fortunes, et les substitutions ont été prohibées. Nous n'avons point à
rechercher si l'existence des grandes propriétés,
des individualités puissantes, a été mal jugée ; si
cette égalité que l'on a voulu transporter partout,
dans les fortunes, dans les lumières, etc..... n'est
pas exclusive des hauts développemens et d'une
noble perfectibilité. L'art. 896 nous est imposé ;
on doit l'exécuter dans son étendue réelle. Il
énonce les deux faits constitutifs de la substitution prohibée, *conserver* et *rendre* ; qu'entend-
il par ces mots *conserver et rendre* ?

M. Toullier (1) a enseigné que *rendre* voulait
dire ici *rendre à la mort* ; il cite la discussion
du Conseil-d'Etat et l'ancienne jurisprudence.
Il est vrai que Bonaparte disait : « Pourquoi l'on-

___

(1) Voyez le Ve. vol. de son traité, au commencement.

» cle ne pourrait-il pas, comme le père, pour-
» voir à ce qu'un neveu dissipateur n'enlevât
» pas sa succession à sa famille ? Les biens ne
» resteraient pas long temps hors du commerce,
» puisqu'ils y rentreraient *à la mort du premier*
» *héritier* ». Il est vrai encore que les art. 1048
et 1049 ont consacré l'opinion du consul ; la faculté a été accordée au père et à l'oncle de
donner leurs biens, à la charge, pour le donataire, de les *rendre* au premier degré seulement.

Le Conseil voulait protéger la famille contre
les passions d'un de ses membres : pour cela, il
permet de faire une disposition dans laquelle
les biens passent à un second appelé, *à la mort*
du premier appelé. Cette charge permise à quelques donateurs privilégiés est bien une substitution, d'après l'art. 896 ; mais est-elle le fait
unique qui constitue une substitution ? De ce
que l'on a voulu établir une exception à la défense générale de substituer, il résulte nécessairement que la disposition exceptée est une substitution ; mais il n'en résulte nullement que
d'autres dispositions ne puissent pas aussi constituer une substitution. Bonaparte demandait
que telle disposition fût autorisée : concluons-en
qu'il la regardait comme prohibée. Mais, pourquoi ne serait-elle pas une forme particulière
qu'auraient revêtue les caractères généraux de
la *substitution* ? pourquoi une autre forme ne se

produira-t-elle pas également empreinte des mémes caractéres? Comment alors prohibera-t-on l'une, sans prohiber l'autre? comment, du moins, sans violer l'art. 896.

Si la charge de rendre, *à la mort*, est défendue, cela n'empêche donc pas qu'il ne soit aussi défendu de rendre, à un autre temps que la mort. L'époque où l'on rend n'est pas un trait caractéristique de la *substitution;* dès que l'on rend, après avoir conservé, la disposition est proscrite: l'art. 896 le dit en termes exprès, et la discussion du conseil n'a rien d'opposé.

Rendre signifiera toujours *rendre à la mort*, et l'on convient que ce mot, employé dans un acte quelconque, donnera, au second appelé, le droit de recevoir *avant la mort*, aussitôt que la disposition sera ouverte. *Rendre* sera le caractère distinctif de *toute substitution*, et l'on est obligé d'avouer que le donateur, qui aurait imposé la charge de rendre, n'aurait point fait *une substitution.* Singulière locution qui, dans le langage du législateur, est la formule générale de la chose prohibée, et qui devient tout-à-coup, dans le langage des individus, l'expression d'une chose légitime et permise!

Ce mot a-t-il en effet, dans l'art. 896, la même signification que dans les art. 1048 et 1049? L'art. 896 contient alors la répétition la plus oiseuse; si l'on ne rend qu'à la mort, par cela seul que l'on rend, il est clair que l'on conserve pendant la vie. Que signifiera l'autre mot *conserver*, employé par l'art. 896? Est-ce dans le principe général, est-ce dans l'exception qu'il faudra accuser un vice de rédaction? Dans le principe général, il était indispensable de tracer rigoureusement les caractéres de la substitution, et de les exprimer avec l'exactitude la plus scrupuleuse : dans l'exception tout a été fixé, il ne s'agit plus que de présenter un cas particulier, et chaque circonstance aura une physionomie assez marquée pour déterminer le véritable sens des mots. Les motifs de violer un principe sont toujours trop saillans, pour laisser du doute sur les limites de la dérogation. Sur ce point, d'ailleurs, j'invoquerai l'autorité de M. Toullier lui-même; le sens des art. 1048 et 1049 n'est-il pas invariablement fixé?

Ainsi, les termes en eux-mêmes de ces art. 1048 et 1049 n'établissent pas, plus que la discussion du conseil, que *rendre* soit invariablement *rendre à la mort*. L'ancienne jurisprudence fournirait-elle un argument plus sérieux? On s'est appuyé sur Thévenot d'Essaule, voici le texte de ce savant auteur : « Dans notre usage, » la mort du grevé n'a pas besoin d'être annoncée » expressément ni même implicitement : tel est » le sentiment au barreau de Paris; je m'y suis » conformé. Le grevé est présumé n'avoir été

» chargé de rendre qu'à sa mort, à moins qu'il
» n'y ait, dans la substitution, quelque terme ou
» quelque circonstance qui indique le contraire.
» Notre usage habituel étant de ne substituer
» que pour le temps de la mort du grevé, il est
» juste de croire que le substituant l'a entendu
» de la sorte, si le contraire n'est établi. Quelle
» apparence en effet, dans nos mœurs, que,
» quand un père aura dit: *je fais mon fils lé-*
» *gataire universel, et je substitue mes biens à*
» *ses enfans*, il ait entendu obliger le fils de
» *rendre* à ses enfans *sur-le-champ*, tellement
» que ce fils n'ait aucune jouissance des biens
» pendant sa vie. Cela n'est nullement probable,
» lors même que la substitution est faite par un
» étranger; et, dans ce cas même, la condition
» *cùm moreretur* doit être présumée, d'après
» notre manière ordinaire de substituer.......»

Si ce fait d'usage sert à développer l'intention,
à interpréter les clauses des actes, est-il éton-
nant qu'appliqué *à la charge de rendre*, il en
fasse sortir *la charge de rendre à la mort?* est-
il permis d'en conclure que le mot *rendre* signifie par lui-même *rendre à la mort?* N'est-il pas
évident que ces deux *locutions* ont une valeur
essentiellement différente; si, pour donner à
la première le sens de la seconde, il faut recourir
à un usage constant dans les donations, et *pré-*
sumer l'intention du disposant?

Je m'empresse d'abandonner cette argumentation de mots : si l'on voulait absolument reproduire de l'ancienne jurisprudence et du droit
romain, il fallait procéder autrement. Tous les
fidéicommis conditionnels étaient autorisés par
ces législations. Les fidéicommis sous condition de mort, et ceux sous une autre condition, étaient-ils identiques dans leur nature ?
Y avait - il entre eux une distinction quelconque ? Si les uns possèdent des caractères que
n'ont pas les autres, si les *substitutions graduelles* ont toujours été séparées des autres fidéicommis conditionnels, je conçois alors l'induction : le code peut n'avoir proscrit que ces
substitutions graduelles, ces transmissions de
génération en génération; peut-être les fidéicommis, en général, sont-ils permis. Voilà le
seul point de vue sous lequel il fut spécieux de
rappeler les deux législations dont il s'agit.

Si, au contraire, tous les fidéicommis conditionnels sont placés sur la même ligne; si
leurs caractères et leurs effets sont communs, la
conséquence est directe. Le code, en défendant
les substitutions, a pour but d'en proscrire l'influence et les résultats. Cette influence et ces
résultats se retrouvent dans tous les fidéicommis,
dans les substitutions à la mort d'un premier appelé, comme dans celles qui s'ouvrent par une
autre condition, nécessité d'en conclure que,

dans la réalité des choses, et en-dehors de tout
argument grammatical, le code a proscrit indistinctement les fidéicommis conditionnels. Si
pourtant la charge de *rendre pour une autre
condition que la mort*, échappe à l'expression
de l'art. 896, la loi n'accomplit pas son but, son
vœu est trompé, et le législateur n'a écrit qu'une
défense impuissante. Et remarquez-le : quand
même il eût existé, avant le code, quelque différence entre les fidéicommis conditionnels, et
le fidéicommis sous condition de mort, il aurait
suffi à la loi nouvelle de voir identité dans les
caractères principaux, pour en faire une seule
catégorie, et la proscrire tout entière. Pour
que deux actes soient défendus, il n'est pas nécessaire qu'ils aient exactement le même danger,
ou portent le même préjudice.

Mais je n'aurai à justifier aucune dissemblance
dans les diverses législations. Je m'étais imposé la
loi de ne citer ni le droit romain, ni l'ancienne
jurisprudence : pourquoi m'avoir forcé à la violer ?
Il s'agissait d'une locution qui aurait passé dans
le code, laquelle locution aurait eu une valeur
fixée dans l'ancien droit français ; j'ai craint de
paraître éluder une argumentation trop pres-
sante : on invoquait Thévenot, j'ai cité Théve-
venot. Interrogé sur un mot, il a répondu bien
positivement sur une chose ; « c'est que *l'usage
» habituel* était de ne substituer que pour le

» temps de la mort du grevé.» On peut donc substituer pour un autre temps; on fait donc aussi une substitution lorsque l'on impose une autre condition que la mort : il n'y a donc aucune différence entre les fidéicommis conditionnels, et ses substitutions *graduelles* et les autres.

Quant au droit romain, j'avoue que l'on ne s'en est pas étayé directement. Il était trop difficile d'arguer de l'étymologie; mais on a présenté cette législation comme la source des *substitutions graduelles;* on a dit qu'elles étaient la forme habituelle du fidéicommis : c'est là que le *droit écrit* aurait puisé ses dispositions *à charge de rendre;* il les y aurait prises comme il les y trouvait établies : et combien d'inductions n'a-t-on pas espéré de laisser voir dans un rapprochement habile! Je combattrai M. Toullier avec ses propres armes; ce sera plus court (1) : la loi 79 au digeste, et les autres lois rappelées par M. Merlin, dans son plaidoyer du 4 août 1808, rangent en deux

----

(1) Nous voudrions nous abstenir de tout ce qui est étranger au code; mais il est des cas où la science, telle qu'elle a été faite, ne permet plus une telle rigueur. Puis, il peut y avoir quelque fois une assez grande utilité dans ces discussions de l'ancien droit et du droit romain; elle est indiquée dans notre introduction.

classes les fidéicommis : le fidéicommis pur et simple, le fidéicommis conditionnel. Nulle distinction entre la condition de la mort et les autres conditions possibles du fidéicommis. Tout fidéicommis serait donc une substitution : aurait-il une nature différente ? serait-il possible que cette différence eût échappé aux jurisconsultes de Rome ? Osera-t-on croire en défaut, sur une distinction, cette foule de glossateurs et d'interprètes modernes ?

En dernière analyse, la loi nouvelle aurait seule tracé une démarcation entre les fidéicommis conditionnels, et elle seule avait besoin de les réunir par leurs points communs ; et le résumé serait que le législateur a voulu proscrire tels effets, et que cependant ces effets subsistent : une telle doctrine repousse trop évidemment son commentaire. Qu'importerait même la vieille signification du mot *rendre* ? Parce qu'une exécution aurait été faussée à une époque, serait-il défendu de s'en servir ensuite avec justesse ? et si la loi n'a trouvé qu'une expression pour se produire convenablement, n'a-t-elle pas été forcée de l'employer ? Toutes ces subtilités disparaissent devant l'intention connue du législateur, devant les principes qui l'ont dirigé, devant le but qu'il s'est proposé d'atteindre.

Conserver et *rendre* sont les deux caractères

distinctifs de la *substitution ;* mais quels sont
les faits matériels, ainsi généralisés? quels sont
ces faits *prohibés* par l'art. 896? M. Bigot-
Préameneu les a énumérés , et il n'y a pas d'ailleurs de difficulté sur ce point : les nombreuses
contestations élevées par les parens, dépouillés
au profit du grevé de substitution ; les détério-
rations des propriétés se trouvant toujours entre
les mains d'usufruitiers avides, dont les efforts
ne tendraient qu'à anticiper les produits ; une
très-grande masse de propriété qui serait perpétuellement hors du commerce. On avait la mauvaise foi d'abuser des substitutions pour tromper des créanciers sans défiance. Maintenant,
ces faits se retrouvent-ils dans les fidéicommis
conditionnels , comme dans les fidéicommis
sous la condition de mort ? Telle est l'unique
question (1)?

____

(1) Nous ne croyons pas devoir répondre aux argumens
tirés des art. 1121–1183, qui ne paraissent loi que pour
la *montre* : sans doute on peut faire donner à un autre
par un individu à qui l'on donne soi-même ; et le fidéicommis pur et simple , que personne n'a songé à comprendre
dans l'art. 896, en était une preuve irréfragable : à cet
égard, il était inutile de rappeler d'autres principes. Nous
concédons encore que la condition accomplie ait l'effet
de remettre les choses en même état que si elle n'avait
pas existé , quoiqu'il fût bien nécessaire d'expliquer cet

Je lègue à *Titius* la propriété X, sous la condition de la conserver, et de la rendre à *Caïus*, si celui-ci revient des colonies? voilà un fidéicommis conditionnel. Je lègue à *Pierre* la propriété X, pour qu'il la conserve, et la rende, à sa mort, à Jacques : c'est aussi un fidéicommis conditionnel, mais la condition est que Jacques vivra encore à ce moment de *la mort*. Dans l'un et dans l'autre, la propriété réside sur la tête de Titius et Pierre, puis sur la tête de Caïus et Jacques; des procès seront aussi bien suscités, par la famille dépouillée, au grevé Titius qu'au grevé Pierre; Caïus et Jacques ont tous deux l'espérance d'être un

---

axiome ; mais, du moins, elle ne fera pas que ce qui a été n'ait pas été. Si l'on a conservé jusquà l'événement de la condition , on aura bien réellement conservé ; et s'il y a a une substitution , la condition accomplie ne l'effacera pas : autrement il n'y aurait jamais de substitution conditionnelle, il suffirait que l'on appelât sous une condition, pour légitimer un appel prohibé. Quant aux *conditions* qu'il est permis d'imposer aux legs et aux donations, ce n'est pas ici la place de les opposer ; puisque l'on convient qu'il y a un fidéicommis ; et que la seule question possible consiste à savoir si le fidéicommis est valable , lorsqu'il est conditionnel. Nous aurons bientôt l'occasion de nous expliquer sur les donations et legs conditionnels : on verra que nous n'avons garde de les confondre avec les substitutions.

*

jour propriétaires. Comment Titius et Pierre seraient-ils autre chose que des usufruitiers avides? quel intérêt ont-ils d'améliorer le fond? N'ont-ils pas un égal intérêt de lui faire produire le plus possible, altérassent-ils sa nature et ses forces? La propriété X sera hors de la circulation dans les deux fidéicommis; le grevé Pierre ne peut pas davantage l'aliéner, que le grevé Titius; et cette faculté est également enlevée à Jacques et à Caïus, qui sont seulement *appelés*. Titius comme Pierre, s'ils sont de mauvaise foi, présenteront à leurs créanciers les apparences d'une grande fortune; la propriété X, dans leurs mains actuellement, semblera garantir les capitaux prêtés. Que Caïus revienne des Colonies, et que Jacques soit vivant, à la mort de Titius; et les créanciers sont dupés, et le gage échappe à leurs créances.

Ainsi, les inconvéniens que l'art. 896 a voulu détruire se rencontreront dans un fidéicommis sous une condition quelconque, comme dans un fidéicommis sous la condition de la mort; ils ne perdent rien, dans les deux cas, de leur gravité et de leur influence: la condition change de forme seulement; après avoir été le fait du retour des Colonies de l'appelé, elle devient le fait *de la vie de l'appelé, & la mort du grevé*. Que l'on déclare la loi absurde et contradic-

toire ; si elle ne proscrit pas tous les fidéicommis conditionnels ; car les inconvéniens auxquels elle sacrifie , et le droit de propriété , et
les volontés individuelles : ces inconvéniens,
dis-je , résultent des uns aussi bien que des autres. Il faut renoncer désormais à toute interprétation , à toute intelligence , si , en défendant la *charge de conserver et de rendre*, on
maintient pourtant les dispositions qui l'imposent.

Mais, que dirait-on, si la loi ne s'était pas con-
tentée d'énoncer, en général, ce qu'elle enten-
dait proscrire ? si elle avait été jusqu'à spéci-
fier ce qu'elle ne proscrivait pas ? Ces deux
lignes, exactement tracées , laisseraient-elles la
moindre ressource à l'argumentation ? entre ces
deux lignes seraient les substitutions *véritablement prohibées* ; sur la seconde, seraient les
fidéicommis autorisés. L'art. 898 ne trace-t-il
pas cette seconde ligne ? « La disposition, dit-il,
par laquelle un tiers serait appelé à recueillir.....
dans le cas où le donataire..... ne recueillerait
pas...... ne sera pas regardée comme une *substitution* ». Ici, il y a deux appelés , mais le second
n'est pas appelé pour jouir après le premier ,
il est appelé pour remplacer le premier qui ne
jouit pas, qui ne *recueille pas* : si la propriété
réside pendant un instant sur la tête du premier appelé , elle passe presque immédiatement

au second , et aucun *inconvénient* n'est possible ; la disposition est un fidéicommis pur et simple , lequel diffère des dispositions ordinaires, plutôt par la forme que par sa nature réelle.

Tout ce qui est en-deçà de la ligne de cet art. 898 se trouve en - dehors de la permission qu'elle limite', et, par là même, est compris dans la défense de l'art. 896. La charge de rendre conditionnelle, on n'essayera pas même de la ranger parmi les fidéicommis où le premier appelé ne *recueille pas*. Il est évident que, dans le fidéicommis conditionnel , le premier appelé recueille, qu'il ne transmet qu'à l'événement de tel fait prévu : ce fidéicommis est donc en-dehors de l'art. 898 , il est donc sous l'empire de l'art. 896, et , par-là , nécessairement *prohibé*.

Ceci posé, on aperçoit déjà qu'il faut aller plus loin. Comment assimiler les fidéicommis à terme, aux fidéicommis purs et simples, à ceux mentionnés dans l'art. 898 ? En continuation des exemples précédens, si Titius doit *rendre* à Caïus, au bout de trente ans, il est vrai de dire qu'il conserve la propriété pour la lui rendre ; il la recueille d'abord, il en jouit long-temps, il la transmet ensuite. Dans cet intervalle de jouissance , tous les inconvéniens signalés plus haut se présentent avec une force égale ; la propriété est sans propriétaire : il y a même un inconvénient de plus, c'est que le premier appelé ne peut avoir l'espérance qu'un événement consolide ses droits, et que *l'usufruit sera plus avidement* exercé. Si l'art. 898 ne doit point s'appliquer au fidéicommis à terme, s'il entraîne les mêmes effets que tous les autres fidéicommis, il doit subir le sort commun.

Il serait trop fastidieux de montrer chacun des faits matériels proscrits par l'art. 896, et annoncés par l'orateur du gouvernement ; de montrer, dis-je, chacun de ces faits sortant forcément du fidéicommis à terme : le lecteur saisira cette combinaison. Mais un article du Code, mal compris, a imprimé à la jurisprudence une direction opposée ; on ne daigne pas même poser la question de savoir si le fidéicommis à terme est défendu : le docteur P. A dans la Thémis, et plusieurs autres auteurs, d'après MM. Toullier et Grenier (1), regardent comme un point constant que *le temps et l'éventualité* sont essentiels à la substitution. Essayons d'établir le véritable sens de l'art. 1041.

Si la disposition donne à l'un la propriété et l'autre l'usufruit, il est clair qu'elle est légitimée par l'art. 899. On a supposé que l'art. 1041

______

(1) Voyez M. Grénier, tome 1er. de son *Traité sur les Test. et Don.*, pag. 113-114 et suiv.

opérait nécessairement ce partage dans le fidéi-commis à terme, il n'était pas difficile d'arriver ensuite à l'autoriser. Je soutiens précisément que la propriété réside pleine et entière sur la tête du premier appelé, jusqu'à l'échéance du terme; cela change un peu la difficulté. Que l'on n'objecte plus le fait, quand on agite le droit: s'il y a donation séparée d'usufruit et de propriété, je le déclare, il n'y a pas même de fidéicommis; l'art. 899 est fait pour les distinguer. Aux termes de l'art. 1041, le second appelé aurait un droit *acquis et transmissible;* mais quel est ce droit? L'art. 1040 avait décidé que le légataire n'était point saisi avant l'événement de la condition: la nature du testament avait exigé que ce légataire vécût au moment où son legs se réaliserait, et qu'il le recueillît lui-même: dans le legs à terme, il n'existe point de chances, tout est réalisé, le légataire devait donc être saisi immédiatement après la mort du testateur. L'art. 1041 accorde ce que l'art. 1040 refuse. Le droit acquis *et transmissible* de cet art. 1041 consiste seulement dans ce que le legs est fixé, que la disposition est accomplie en faveur du légataire. Restent toujours les limites et la nature de ce legs. La métairie *A* est léguée à Pierre; dans vingt années elle appartiendra à Jacques: dira-t-on encore que la propriété ne réside pas sur la tête de Pierre? Si

Jacques est propriétaire, Pierre n'a pas recueilli son legs. Ce n'est pas séparément l'usufruit qu'on a légué à ce dernier, c'est la *métairie*.

Pour arriver à notre hypothèse, à une donation séparée d'usufruit et de propriété, il faut cependant prouver l'une de ces deux choses; ou qu'il y a impossibilité dans l'intention que nous supposons au disposant, ou que l'art. 1041 résout la disposition à terme dans un droit de nue propriété. Pourquoi le testateur ne pourrait-il léguer à terme une propriété, en telle sorte que cette propriété ne fût réellement dans les mains du légataire, qu'à l'échéance du terme? Tout ce qui résulte de l'art. 1041, nous l'avons vu, c'est le droit acquis et certain d'être un jour propriétaire, et non pas le droit de *propriété*; ce droit est transmissible et serait une partie intégrante de la succession du légataire, au lieu d'être une simple espérance attachée à sa personne; mais la propriété ne reste pas moins pleine et entière sur la tête de Jacques. Comment cet art. 1041 violerait-il une disposition formellement exprimée? comment ferait-il acquérir, *de suite*, des droits qui n'ont été donnés que sous *un terme*? On a confondu les faits habituels des transmissions de propriété avec les principes sur ces transmissions : dans la vente, la propriété passe de suite à l'acquéreur, il n'y a délai que pour la délivrance : on a conclu que le terme ne portait jamais que sur cette délivrance : on n'a pas voulu voir que, la vente étant pure et simple, l'objet vendu devait appartenir aussitôt à l'acquéreur ; que rien n'empêchait de vendre sous *un terme,* qu'alors la transmission n'eût eu lieu que sous ce terme, comme dans le legs qui nous occupe, qu'il n'eût résulté de la vente qu'un *droit acquis et transmissible.*

Aussi l'art. 1041 serait-il une trivialité, s'il n'était corrélatif à l'art. 1040. Quel que soit le mode de transmission, acte entre vifs ou testamentaire, si la nature des choses veut qu'un droit quelconque n'appartienne à un individu qu'à l'époque pour laquelle il lui est transporté, elle veut aussi qu'il lui appartienne certainement à cette époque, et, qu'en attendant, il forme lui-même un droit aliénable comme tous autres. Ces principes ne régissent pas seulement le *terme,* ils sont applicables à la *condition ;* dans une transmission conditionnelle, la propriété sera transmise si la condition arrive ; avant même qu'elle ne soit arrivée, il existe un droit éventuel, j'en conviens, mais un droit que l'on peut céder et transporter. Le fidéicommis conditionnel forme cependant une substitution prohibée, quoique renfermé dans un acte entre-vifs ; et ce n'est que dans les tes-

tamens que la *condition* emporte la nécessité
de survivre et de recueillir en personne. Qu'importe en effet cette faculté d'aliéner? change-t-
elle la relation préexistante? la charge de conserver et de rendre existe-t-elle moins? Si
Jacques vend *son droit* à la métairie *A*, ce
n'est plus pour Jacques que Pierre conservera,
mais pour l'acquéreur *du droit;* la charge imposée à Pierre subsiste dans son intégrité, et
c'est cette charge qu'il s'agit d'apprécier : si elle
est une charge de *conserver* et de *rendre*, elle
est défendue, et toute la disposition est nulle.
Dès que la faculté ne porte pas sur la propriété,
il n'y a pas cession de droit réel, ni hypothèque
possible ; la différence entre un droit certain
et un droit incertain serait aussi insignifiante :
il ne s'agit pas de savoir comment la charge
est imposée, si elle est pure et simple ou conditionnelle, si le grevé peut ou ne peut pas voir
ses droits se consolider : tout cela ne change
pas l'état de la propriété; il est toujours vrai
de dire que Pierre n'est point intéressé à améliorer la métairie, qu'elle est hors de la circulation, et que tous les inconvéniens, proscrits
par l'art. 896 , se présentent nécessairement.

La *substitution graduelle,* c'est-à-dire le fidéicommis sous la condition de la mort du grevé
et de la survie de l'appelé; cette substitution, que
l'on voudrait seule prohiber, n'est pas autre

chose elle-même qu'un fidéicommis à terme ,
dans les principes du Code. Sous l'ancien droit,
les substitutions étaient devenues un mode de
succession ; inhérentes à la constitution de la famille , elles étaient même un des fondemens de
l'ordre aristocratique en France. L'usage était ,
comme le dit Thévenot , de ne substituer que
pour la mort du grevé ; la chose conservée se
confondait avec la succession : l'enfant, sans être
conçu, au moment de son institution , ne laissait
pas d'en profiter, et l'appelé était considéré comme
une espèce particulière de successible : d'ailleurs , un héritier légitime était presque toujours
celui au profit duquel étaient faites ces dispositions : était naturel que les règles sur les *succes-*
sibles fussent appliquées aux *appelés* ; et comme
il fallait exister au moment d'une succession , il
fallut recueillir personnellement la chose substituée.

Mais le Code ne devait point envisager les
substitutions sous tous ces rapports; déjà d'autres
textes avaient renversé ce qui tenait aux vieilles
institutions de la France; l'art 896 ne porte que
sur la *charge de conserver et de rendre* , commune à toutes les substitutions, il ne considère
matière de fidéicommis que dans les effets et
les influences de cette charge isolée de toute
successibilité particulière , à part de tout système
politique , sans relation avec un but détruit ou

méconnu. Remarquez que nous ne supposons pas quelle est la charge de conserver et de rendre, et que nous accordons, au contraire, qu'elle ne se trouve que dans un fidéicommis, où l'appelé recueille la chose à la mort du grevé. Toujours est-il que ce droit de recueillir ne forme plus, dans l'esprit de l'art. 896, une succession particulière ; et, par conséquent, n'entraîne plus les règles qui concernent ce dernier mode de transmission. Quand le droit de l'appelé ne serait pas anéanti par le décès de celui-ci, avant la mort du grevé, ce droit ne serait pas moins proscrit par l'art. 896 : on a semblé le pressentir, car on assimile partout une double donation ou un double legs du même objet à la substitution de cet objet, sauf à appliquer aux substitutions ainsi considérées une règle spéciale que nous discuterons tout à l'heure. Auparavant qu'il demeure bien constaté que l'appelé est un légataire ou un donataire, que la loi le repousse en cette qualité, et que le fidéicommis prohibé, dans son expression la plus simple, est une transmission à un individu, puis, à la mort de cet individu, une transmission à un autre sous la même forme.

Eh bien ! nous acceptons cette doctrine : le fidéicommis, que nous avons jusqu'ici improprement appelé *conditionnel*, n'est qu'un fidéicommis à terme incertain, et l'incertitude du terme, n'influant en rien sur la certitude du droit, on retrouve dans ce fidéicommis identiquement les faits et les caractéres du fidéicommis à jour fixé, que l'on ne veut pas croire défendu. La conclusion était forcée ; le droit romain et l'ancienne jurisprudence étaient là, on a cherché un réfuge. Cet adage vulgaire , *le jour incertain devient une condition dans un testament*, dérivé de la loi 75 au *Dig. de cond. et demonst. ;* tel est le terrein où l'on s'est retranché ; comme il n'enfermait pas le fidéicommis à jour incertain de l'acte entre-vifs , on l'a élargi ; et tout y a été compris, fidéicommis du testament et de la donation.

Pour le testament, l'art. 1040 est positif : l'existence du gratifié à l'époque de l'événement de la condition, est exigée ; « Toute dis» position testamentaire , faite sous une condi» tion dépendante d'un événement incertain , » et telle que..... exécutée qu'autant que l'évé» nement arrivera ou n'arrivera pas , sera ca» duque , si l'héritier ou le légataire décède.. » Ce n'est pas l'existence du légataire qui *forme la condition*, puisqu'elle n'est requise qu'autant qu'il y a une condition imposée au legs ? Dire qu'elle *devient une condition*, par cela seul qu'il y a un *jour incertain*, c'est dire que l'héritier institué doit exister, dans un cas autre que celui prescrit par l'art. 1040 ; c'est contrevenir à cet art. 1040. Pour savoir s'il est imposé au légataire de recueillir personnellement, il faut savoir s'il est gratifié sous condition ; et l'on commence par supposer qu'il n'est gratifié que sous la condition de recueillir personnellement : on suppose ce qui est en question. Cette dernière condition d'existence ne peut résulter que d'un legs fait sous un mode incertain. Prouvez d'abord que le legs peut ne pas profiter à l'appelé, et il vous sera permis d'en induire qu'il n'est fait qu'à sa personne, il serait trop facile d'alléguer qu'il n'est fait qu'à la personne, et trop naïf d'en conclure qu'il est possible que le légataire ne le recueille jamais.

Pour le fidéicommis de l'acte entre-vifs, on a été contraint de ne plus considérer que le fidéicommis en lui-même, quoique l'on eût reconnu que l'appelé n'était réellement qu'un second donataire. L'adage est aussi inapplicable aux fidéicommis qu'aux autres dispositions : comment *le jour incertain* serait-il essentiellement une *condition?* Si le legs doit être recueilli dix ans avant la mort de l'appelé, il y a jour incertain, et cependant y aura t-il condition ? Il n'y aurait pas trop de chance à courir ; il est assez ordinaire que l'on vive dix ans avant sa mort. N'est-il pas contraire à toute raison qu'un fait certain soit pourtant incertain ; il est certain que ce jour arrivera à quelque moment que ce soit, et l'on en fait *un événement qui peut arriver ou ne pas arriver.* Si l'on suppose que ce jour incertain révèle l'intention du disposant d'exiger que le gratifié vive au moment où il recueille, ce fait d'intention a besoin d'être constaté. Il est vrai que l'on affirme; mais où est la preuve? La loi Romaine résumait cette intention dans les testamens, à cause de la nature particulière de la disposition de mort, et par suite des principes du digeste sur *l'institution d'héritier*; mais en-dehors du testament, sur quoi appuyer cette intention? Nous voulons bien ne pas parler de l'art. 1040 qui la repousse de la manière la plus formelle dans le testament lui-même. C'est donc une assertion gratuite que cette prétendue maxime que l'on applique hardiment à toutes les dispositions.

Elle est surtout étrangère à la donation entre-vifs, et au fidéicommis qu'elle renferme. L'appelé est un donataire : que l'on revienne aux premiers aveux. La donation, par sa nature, saisit immédiatement; elle imprime au donataire un droit quel qu'il soit, un droit transmissible, conditionnel, si la donation est faite sous condition; certain, si elle n'a qu'un terme. L'intention du disposant ne peut être interprêtée que par la nature de l'acte qu'il fait dans un testament : il n'a encore écrit qu'un projet, il ne s'occupe que de son hérédité dans une do-

nation : il est incontestable qu'il dispose irrévocablement, qu'il renonce à ses propres biens ;
pendant sa vie les deux actes sont essentiellement différens, l'intention sera-t-elle identique ? Dans un testament, la condition exige la
survie ; dans une donation, la condition non accomplie n'empêche point qu'il n'y eût droit acquis et transmissible par le donataire : et il
s'agit d'un fidéicommis contenu dans une donation, la survie serait exigée pour un simple
terme ! elle serait exigée comme dans un testament ! Ces incohérences fussent-elles établies
matériellement, il faudrait les repousser par
l'esprit de la loi, par ces principes si simples et
si concordans sur ces matières; mais elles ne
sont qu'une hypothèse échafaudée sur une loi
abolie, et sur un *adage* étranger à l'espèce ; il
est donc démontré que le jour incertain est un
simple terme, dans les testamens comme dans
les donations fidéicommissaires, et qu'il faut
rayer du Code l'art. 896, si le fidéicommis à
terme n'est pas une substitution prohibée.

Après avoir transformé des fidéicommis défendus en dispositions conditionnelles, il ne
restait plus qu'à travestir des dispositions conditionnelles en fidéicommis défendus. C'est une
doctrine que n'ont pas manqué de compléter
les recueils périodiques, et *la Thémis* dans
la profondeur de sa science. Les argumens et

la théorie de MM. Grénier et Toullier ont été reproduits comme d'habitude.

La charge de *conserver* et de *rendre* forme une substitution ; mais cette charge doit se trouver dans une *disposition*. Ce sont l'*héritier institué, le légataire ou le donataire* qui ne peuvent *conserver et rendre*, sans que l'institution, le legs ou la donation soient frappés de nullité. En vain, dirait-on que la clause, en résultat, ne s'exécutera pas autrement que comme la *charge* de l'art. 896, que la tournure donnée à cette clause ne doit pas suffire pour éluder la loi ; il ne faut pas s'occuper d'une ressemblance quand il y a une différence capitale, et violer des principes fondamentaux pour satisfaire à la rigueur d'une prohibition. Qu'importe qu'une propriété soit destinée à passer dans les mains d'un individu qui ne la possède pas encore, si ce fait n'est pas dans une *disposition* (1). Exigera-t-on que toutes les trans-

---

(1) Par ce point croule le vain échafaudage de la *Thémis*, élevé sur les inconvéniens des legs et donations conditionnels ; qu'importe que ces inconvéniens se rapprochent plus ou moins de ceux prescrits par l'art. 896. Ce qui importe, c'est de savoir s'ils se trouvent là où l'on n'a pas voulu qu'ils fussent, là où ils emportent la nullité de l'acte. Faits prohibés, dans telle place, ils peuvent être permis dans telle autre : et la prohibition

missions s'opèrent d'une manière complète et instantanée ?

Si les substitutions sont défendues par l'article 896, les donations et les legs *sous condition* sont autorisés par les art. 900-954-1040. Toutes les fois qu'une condition existe à un legs, ou à un acte entre-vifs, la propriété n'est assurée sur la tête de personne ; celui qui la conserve paraît en effet la conserver pour un autre ; et, si la condition arrive, elle passe à cet autre individu. Pourtant des conditions peuvent être opposées à toute espèce de transmission, et ces traces de la charge *de conserver et de rendre* reparaissent dans une foule de cas. Les articles 900-954-1040 ont une sphère d'application incontestable ; l'art. 896 a aussi la sienne : tout consiste à les reconnaître, et la loi fournit un signe caractéristique. Nous l'avons déjà indiqué ; c'est le fait de la charge imposée à un légataire ou donataire, envers un autre légataire ou donataire. La charge *de conserver et de rendre* n'est pas proscrite, si elle ne se trouve point dans une *disposition :* en-dehors de ce point l'art. 896 n'est plus applicable ;

---

n'a été portée que dans les limites de la *disposition.* Hors de ces limites, tout est légitimé par la volonté du disposant. Inutile d'en déduire les raisons, assurément plus puissantes que l'argumentation du docteur P. A.

et, y eût-il conservation pour rendre, le legs et la donation ne seraient pas moins légitimes.

Pour développer ces principes, et leur donner plus de précision, rappelons les exemples cités par les auteurs : un père avait légué à sa femme un quart de ses biens, en cas que ses enfans mourussent avant elle ; y avait-il là une substitution ? On a dit que ces enfans étaient grevés de la charge de rendre à leur mère, s'ils mouraient avant elle. Nous avouons le fait ; mais qu'en résulte-t-il ? Ces enfans sont-ils des légataires ? la propriété leur a-t-elle été déférée par une disposition quelconque ? Ne sont-ils pas les représentans du père ? et soutiendra-t-on aussi que ce père, en donnant pour le cas de son prédécès, eût *conservé* et *rendu ?* L'hypothèse est exactement la même ; et, si le père fait une substitution dans les deux cas, il faut avancer qu'il ne lui était permis de donner que *purement et simplement :* ce qui est contraire à tous les principes.

Les enfans conservent et rendent, par la nature des choses, par leur qualité d'*héritiers* ; la mère seule est instituée, et elle ne l'est pas pour rendre à qui que ce soit. La disposition ne comprend qu'un legs unique et isolé, qu'un seul individu auquel il est adressé ; les enfans rendent les biens pour accomplir ce legs, mais ne sont pas eux-mêmes légataires : il n'y a donc pas l'ombre d'un fidéicommis : un caractère essentiel de tout fidéicommis fût-il pur et simple, c'est l'institution de deux personnes ou une double donation. L'art. 896 est formel, *une disposition par laquelle un légataire ou donataire est chargé de rendre à un tiers....* Est-ce par la disposition que les enfans sont chargés de rendre à leur mère ? encore une fois, cette disposition leur est absolument étrangère.

M. Toullier, sur cet exemple, pense qu'il n'y a pas substitution, mais cela ne change en rien les principes que nous lui avons supposés. La mère lui semble n'être substituée qu'à ce qui *restera des biens*, à la mort des enfans; ce serait un fidéicommis *de residuo*, et il échapperait en effet à la prohibition. Nous ne voulons pas relever ce qu'il y a de gratuit et d'opposé à l'expression du testament dans ce mode d'interprétation ; parce qu'il serait oiseux de discuter sur des faits. L'auteur avoue que les termes pourraient être tellement explicites, qu'il n'y eût pas moyen d'y découvrir un fidéicommis *de residuo* ; cela suffit pour qualifier sa doctrine en point de droit. Dans l'hypothèse de ces termes explicites, il y aurait substitution prohibée, et alors revient le système précédent, où l'on a confondu les fidéicommis et les legs ou donations conditionnelles.

L'exemple inverse est celui ci : Pierre (1) lègue à Jacques, sous la condition que le legs sera résolu si Jacques meurt sans enfans, ou si la fille de lui Pierre a des enfans à telle époque. On verra bien encore une espèce de charge de *conserver et de rendre*, dans cette condition résolutoire : puisque, le cas arrivant, Jacques est obligé de se dessaisir des biens, de les rendre à la fille de Pierre. Comme, dans l'exemple précédent, cette charge ne résulte pas de la disposition ; la fille de Pierre n'est pas instituée, il n'y a qu'un legs, il n'y a qu'un légataire : s'il y a substitution, il n'y avait de legs possible qu'un legs où la propriété était transférée sans aucune limitation ; et l'art. 900 est illusoire.

Peut-être cette hypothèse n'est-elle pas identiquement celle des auteurs que nous combattons ; mais, comme il sort de notre dessein de

____

(1) Il suffit de lire ces espéces, pour voir la différence essentielle qui existe entre elles et l'espèce du décret du 31 octobre 1810. Au reste, nous ne mentionnons ici aucun arrêt sur les substitutions ; et nous répétons avec M. Toullier : « Il faut suivre ceux qui sont conformes à » la loi et aux principes, rejeter ceux qui s'en écartent. » Voulez-vous conserver la jurisprudence dans sa pureté? » gardez — vous de la soumettre au joug des arrêts et de » l'autorité. »

les suivre sur le terrein mouvant des faits, où
il serait trop long de les atteindre, il nous a
fallu représenter le second côté de leur doctrine : la lecture *de leurs dissertations* convain-
cra de notre fidélité. Toute clause qui ne s'exécute pas autrement que la charge de *conserver et de rendre*, paraît à MM. Grénier,
Toullier et aux jurisconsultes à la suite, un
fait constitutif de *substitution*. La condition
suspensive du legs de *la mère* imposait aux
enfans cette charge de conserver et de rendre;
la condition résolutoire impose la même charge
au légataire *Jacques ;* dans l'un et l'autre cas,
il y aurait substitution prohibée : telle est aussi
la doctrine que nous avons essayé de réfuter.
Ces expressions mêmes *conserver et rendre* ne
disent-elles pas assez qu'il ne peut s'agir ni du
donateur, ni de ceux qui le représentent? S'ils
gardent encore la propriété, ou s'ils doivent la
recouvrer, ils ne *la rendent pas* puisqu'ils ne
l'ont pas reçue : elle ne leur a point été *conservée* puisqu'ils ne l'ont pas entiérement donnée.

Toutes les difficultés sur les *substitutions*
peuvent donc se réduire à ces deux points : Y
a-t-il charge de conserver et de rendre? cette
charge est-elle renfermée dans une *disposition*?
Ainsi se trouveraient réduits à quelques pages
les volumes entassés sur cette matière. Il y a
charge de *conserver et de rendre*, si les incon-

véniens avoués de cette charge se produisent dans le fait donné ; peu importe la forme dont on les enveloppe, qu'elle soit la condition de la mort du grevé, toute autre condition ou un simple terme. Cette charge se trouve dans une *disposition*, si un légataire ou donataire transmet à un légataire ou donataire : il est indifférent que l'appelé ou le grevé soient héritiers du sang, s'ils ont été gratifiés, s'ils ne recueillent en qualité d'héritiers légitimes. Ces principes sont rigoureux, et des circonstances particulières sont impuissantes pour les restreindre; l'absence (1) du grevé ou de l'appelé ne ferait pas tolérer une *substitution :* l'art. 896 n'a point d'exception.

---

(1) M. Grénier avait pensé que l'absence légitimait le fidéicommis prohibé.

ART. 913—1094—1098.

—

La *Réserve* est en elle-même une matiére fort ardue, et des ouvrages entiers ont été consacrés à l'expliquer; mais elle donne lieu à des difficultés presque inextricables, lorsqu'il faut la déterminer d'après deux *quotités disponibles* différentes. L'art. 913 fixe la quotité dont le pére peut disposer en faveur des étrangers ou de ses enfans; les art. 1094-1098 fixent la quotité que l'époux peut donner à l'épouse, soit dans un premier mariage, soit dans de secondes noces. Si l'on dispose à-la-fois comme époux et comme père, si l'on donne d'après les deux quotités différentes, laquelle faudra-t-il choisir pour trouver la réserve des enfans? Comment combiner les art. 913-1094-1098, pour obtenir la limite que le législateur impose aux libéralités, dans quelque but et à quelques personnes qu'elles soient faites?

Divers systèmes ont été présentés; je ne dirai qu'un mot du premier : admis par plusieurs cours royales, il est aujourd'hui complétement abandonné. La cour d'Agen avait prétendu que les dispositions, permises par les art. 913-1094, étaient simultanées dans l'esprit de la loi ; de sorte que la totalité de la portion disponible se serait composée de la quotité comprise dans l'art. 913, plus de celle de l'art. 1094. Un père, ayant un seul enfant, donnerait la moitié de sa fortune à un étranger, un quart en propriété et un quart en usufruit à son épouse ; le fils serait réduit à un quart en *nue* propriété. Cette opinion se réfute par son exposé : il est inutile de rien ajouter.

Deux systèmes principaux ont surgi au milieu d'observations plus ou moins inadmissibles. Le premier a été développé par M. Grénier, dans son *Traité des donations ;* M. Toullier a présenté le second dans son cinquième volume. L'un et l'autre me semblent erronés : je les examinerai séparément ; j'essayerai ensuite d'établir une doctrine nouvelle en harmonie avec le texte et l'esprit de la loi.

Il faut, dit M. Grénier (1), se tenir à l'une ou à l'autre des quotités disponibles, ou en coordonner le concours de manière que les enfans n'en souffrent pas. On ne peut se tenir à l'observation de cette règle qu'autant que, dans le concours d'un enfant ou d'un étranger

----

(1) Voy. pag. 500 et suivantes du *Traité des Donations.*

avec l'autre époux, l'ensemble des dispositions faites par l'époux ne porte, soit en propriété, soit en usufruit, que sur une portion qui aurait pu être donnée, au préjudice des enfans, à un étranger, ou à l'un des enfans au préjudice des autres.

Ceci doit être éclairci par quelques exemples; et je vais en présenter sur les trois cas sur lesquels il faut combiner et prendre un parti.

Supposons d'abord que l'époux qui a disposé ne laisse qu'un enfant, et qu'il ait fait concourir à ses libéralités l'autre époux avec un étranger : il est, sans difficulté, dans ce cas, que la disposition peut s'étendre jusqu'à la moitié soit en propriété, soit en usufruit; et le mode de décision est indifférent. Il y a là une raison bien sensible : c'est que, dans cette position, il ne peut être question que de mesurer l'étendue de la disposition par la latitude accordée par l'art. 1094, préférablement à celle qui est établie par l'art. 913; puisque, dans la circonstance, celle de cet art. 913 est plus forte que celle de l'art. 1094. En effet, le père ayant un seul enfant aurait pu donner à un étranger la moitié en pleine propriété, tandis qu'il n'aurait pu donner à l'autre époux qu'un quart en propriété, et un quart en usufruit, ou la moitié des biens en usufruit seulement.

On sent donc qu'en faisant participer concurremment l'étranger et l'époux à la disposition de moitié soit en propriété, soit en usufruit, et quel qu'en soit le partage entre l'étranger et l'époux, il ne peut en résulter aucun tort pour l'enfant.

Venons au cas où l'époux disposant aurait trois enfans ou plus (je passe la seconde hypothèse de *deux enfans*, posée par M. Grénier, parce qu'elle est régie comme la troisième); alors la quotité disponible, au profit d'un étranger ou d'un des enfans, en préciput, serait du quart seulement, d'après l'art. 913. Or, si dans ce cas l'époux eût donné à un étranger ou à un enfant, en préciput, ce quart en propriété, et qu'il voulût encore donner à l'autre époux l'usufruit de l'autre quart, cette disposition pourrait être attaquée par les enfans.

La raison en est toujours, dans l'opinion qui nous occupe, que, dans cette circonstance, les enfans auraient à souffrir de la division que l'époux ferait de sa faculté de disposer entre l'autre époux et un étranger ou l'un des enfans. La portion disponible est fixée, dans le cas où il y a trois enfans ou plus, au quart des biens. Il y a une exception en faveur de l'époux, qui peut avoir alors un quart en propriété, et un autre quart en usufruit, ou l'usufruit de la moitié. Mais, pourraient dire les enfans, si la portion disponible est augmentée, dans ce cas, c'est en faveur de notre père ou de notre mère, et le législateur a pu avoir eu idée que nous étions dédommagés de la restriction de la portion indisponible, par l'espoir de recueillir un jour, à titre de succession, la portion déclarée alors disponible; espoir que nous n'avons plus si une partie de la portion disponible, dans ce cas, passe à un étranger. Ainsi, d'après ce raisonnement, les enfans seraient fondés, dans cette circonstance, à faire réduire les dispositions au seul taux disponible, à l'égard d'un étranger ou de l'un des enfans.

On peut ajouter encore, à l'appui de cette opinion, qu'il n'est nullement établi que, dans le concours d'un époux, et d'un étranger ou d'un enfant, appelés aux dispositions de l'autre époux, on puisse étendre la portion disponible au taux porté par l'art. 1094; lorsqu'il résulte de la combinaison des avantages, que les enfans ne sont, ni dans une position aussi favorable que si le défunt avait seulement donné la portion disponible à un étranger ou à un enfant, en conséquence de l'art. 913, ni dans une position aussi avantageuse que si l'époux avait fait à l'autre époux, seul, tous les avantages permis par l'art. 1094.

On pourrait dire : les dispositions de l'art. 1094 ne sont qu'une exception à la règle générale, établie par l'art. 913. Or, il est de règle que toute exception doit être renfermée dans ses limites,

et qu'elle n'est point susceptible d'extension.
L'art. 1094 est un et indivisible. La latitude de
la disposition qu'il permet ne doit point être dé-
tachée de la quotité de celui en faveur duquel
elle est admise. Il faut ou donner, comme cet article le veut, à un époux seulement, ou se restreindre à la quotité portée par l'art. 913, en
donnant à un enfant ou à un étranger; ou si,
enfin, on veut distribuer ses dispositions entre
l'époux et d'autres personnes, enfans ou étranger, alors il faut la coordonner de manière que
les enfans ne courent pas une chance pire que
si le disposant avait choisi l'un ou l'autre des
modes établis par les art. 913 et 1094. (Grénier).

A ce système de M. Grénier, je réponds : Si
l'on ne veut porter aucun préjudice aux enfans,
en refusant de régler les droits des étrangers
par la quotité disponible de l'art. 1094, et
que l'on soumette également à l'art. 913 les
dispositions en faveur de l'époux et celles en
faveur d'étrangers, on n'atteint pas même le
but que l'on s'était proposé. Lorsque la quotité
des étrangers est plus forte que la quotité de
l'époux, ce dernier profite des bénéfices qui ne
lui sont point accordés par la loi, il dépasse la quotité disponible, fixée pour lui personnellement,
puisqu'il est réduit par rapport à une réserve
moins considérable que celle de l'art. 1094.
L'excédant de cette dernière réserve est nécessai-

rement perdu pour les enfans ; et si les étrangers ne doivent pas profiter de l'art. 1094, l'époux doit-il profiter de la quotité de l'art. 913? La quotité disponible est fixée, pour l'époux, à un quart en usufruit, et un quart en propriété ; les enfans ont intérêt aussi à ce qu'il n'ait pas davantage, à ce qu'il soit toujours régi sur cette quotité. S'il est, au contraire, assimilé à un étranger ; si l'on suppose qu'il a pu recevoir la moitié en propriété, on augmente à son égard la quotité disponible d'un quart en *nue* propriété ; les enfans perdent ce dernier quart, du moins dans sa partie corrélative à la donation faite à l'époux.

Ainsi, une fortune de 36,000 fr., un enfant ; disposition de 9000 fr. à l'égard d'un étranger ; autre disposition de même somme à l'égard de l'époux : si l'on prend la quotité de l'art. 913, la réserve est intacte, les enfans n'ont rien à réclamer. Mais, comment leur imposer une disponibilité, pour l'époux, qui n'a été faite que pour les étrangers ? Ils viendront dire que, pour cet époux, il n'y a de réserve que celle de l'art. 1094, qui porte la quotité disponible à un quart en usufruit, et un quart en propriété ; qu'il n'y avait pas une moitié disponible à l'égard de cet époux ; que, pour lui, la quotité a été dépassée, qu'elle était seulement d'un quart ou neuf mille francs, et d'un huitième ou quatre mille cinq cents francs ; que

dès-lors il **y** a nécessité d'une réduction ; que
le montant en appartient aux enfans, et qu'ainsi
il leur retourne deux mille deux cent cinquante
francs. Si, en effet, les deux donations se rédui-
saient par rapport à la quotité de l'art. 1094, elles
perdraient chacune cette valeur ; et la donation
de l'époux du moins doit rester assujettie à cette
perte.

Mais, si l'intérêt des enfans a été la considération la plus grave qui ait présidé à la réduction des lois sur la réserve, il en est d'autres
qui ont exercé de l'influence : les époux avaient
aussi leurs droits, et leur reconnaissance naturelle ne pouvait être enchaînée ; ces droits
avaient leur danger spécial, et il était nécessaire quelquefois de les limiter plus sévèrement
que ceux des étrangers, abstraction faite des
espérances de succession que pouvaient conserver les enfans. Raisonner d'après une seule
de ces considérations, c'est refaire la loi ou la
démentir ; il est utile de les constater toutes :
chacune a eu son poids, mais c'est dans les
art. 913-1094-1098 (1) que leur influence respective est établie : hors delà, je ne vois qu'illé-

____

(1) M. Grénier suppose sans cesse que l'époux est traité
par la loi d'une manière plus favorable que ne le sont les
étrangers, et qu'il doit au moins être réduit dans la

galité. Il ne s'agit pas de savoir si les enfans sont ou non intéressés à ce que l'époux ne recueille pas sa donation, d'après l'art. 913 ; il s'agit de savoir si la loi lui permet de la recueillir dans cette latitude ; or, l'art. 1094 s'y oppose : la quotité disponible pour l'époux est moindre que la moitié. En sens inverse, si vous réduisez la donation de l'époux, d'après l'art. 913, quand la quotité de l'art. 1094 est la plus élevée; vous froissez ses droits, qu'importe pour lui la présence d'étrangers! Sans doute ces étrangers ne doivent point participer aux avantages de l'art. 1094, mais, pourquoi empêcheraient-ils l'époux de profiter d'un bénéfice qui lui est personnel? La quotité de l'art. 1094 est un droit pour lui, comme celle de l'art. 913 en est un pour les étrangers ; je conçois bien que vous écartiez ceux-ci, mais

---

même proportion que ces derniers ; cependant, l'époux marié en secondes noces, ne pouvant jamais recevoir qu'un quart, celui-ci, du moins, est de beaucoup au-dessous des étrangers. Cependant, en lui appliquant le système de l'auteur, il aura les mêmes droits qu'un étranger ; au lieu d'être réduit par rapport à un quart (art. 1908), il sera régi par la disponibilité de moitié (art. 913.) Du reste, tout ce qui sera dit de l'art. 1094 devra s'étendre à l'art. 1098, lorsqu'il sera omis de parler de ce dernier.

vous n'avez pas même d'allégation pour écarter l'époux, quand ils demandent l'exécution
de l'art. 1094.

Je ne puis mieux faire qu'extraire aussi du
traité de M. Toullier l'exposition de son système:

Le principe adopté par plusieurs cours, et
qui nous paraît conforme à la raison et à la
loi, est qu'il faut d'abord réduire les donations
excessives, faites cumulativement à l'un des
époux et à l'un des enfans ou à un étranger,
à *la portion disponible la plus forte*, eu égard
au plus favorisé des donataires, sauf à réduire
ensuite à ce que peut recevoir celui d'entr'eux
qui, par l'effet de la première réduction, se
trouverait avoir davantage : car celui, en faveur
de qui elle pouvait être faite, doit seul profiter
de l'extension donnée, en sa faveur, à la portion
disponible. Ainsi, on prendra pour règle tantôt
l'art. 1094, tantôt l'art. 913, selon que les dispositions de l'un ou l'autre, appliquées au cas dont il
s'agit, laissent plus d'étendue aux libéralités.

S'il n'y a qu'un enfant, le père peut donner
à un étranger la moitié de son bien en pleine
propriété; mais il ne peut donner à son épouse
qu'un quart en propriété et un quart en usufruit, ou la moitié des biens en usufruit seulement. S'il a donné à un étranger la nue
propriété de la moitié de ses biens, et à son
épouse l'usufruit de la même moitié, l'enfant

n'a point à se plaindre. Les donations n'excèdent point la quotité disponible; chacun des donataires n'a reçu que ce qu'il pouvait recevoir.

Mais, si le père a donné à l'étranger le sixième seulement de ses biens en propriété, et à son épouse le tiers ou les quatre douzièmes, le total des deux donations, n'étant que de moitié, la quotité disponible, fixée par l'art. 913, n'est point surpassée; néanmoins le don fait à l'épouse est réductible, car elle ne pouvait recevoir qu'un quart en propriété ou trois douzièmes. Ainsi, la libéralité doit être réduite d'un douzième, quant à la nue propriété seulement, car ce n'est qu'à cet égard que la donation est excessive.

L'application des principes est plus difficile, lorsqu'il y a deux enfans; en ce cas, le père, qui peut toujours donner à son épouse un quart en propriété et un quart en usufruit, peut donner à un étranger ou à l'un des enfans un tiers en propriété. Supposons donc que le père ait donné hors part à l'un de ses deux enfans, le tiers de ses biens par acte entre-vifs, cet acte est irrévocable et ne peut être réduit, car il n'excède point la portion que l'art. 913 permet de donner. Cette portion étant moins forte que le don du quart en propriété et du quart en usufruit, que l'art. 1094 permet de faire à l'un des époux, c'est ce dernier article qu'il faut prendre pour règle, afin de connaître ce

qu'il peut donner à son épouse, en-sus du don
fait à l'enfant : ce don est du tiers ou de quatre
douzièmes en propriété. L'art. 1094 ne permet
de donner que le quart ou les trois douzièmes
en propriété ; il y a donc excès d'un douzième
en prenant cet article pour régle, et il faut déduire ce douzième sur ce que le père peut donner à son épouse. Pour le déduire, il faut com-
mencer par le réduire à la valeur d'usufruit,
car il ne peut plus rien donner qu'en usufruit ;
et pour déduire une quotité en propriété d'une
quotité en usufruit, il faut connaître la valeur
comparative de l'une et de l'autre, évaluation
que le code a toujours évité de faire, parce
qu'elle n'est jamais exacte. Cependant il y a ici
nécessité de la faire ; et l'usage donne à la propriété une valeur double de celle de l'usufruit.

Cela posé, voyons ce qui reste au père, en
supposant sa fortune de douze mille francs ; il
a donné à l'un des enfans le tiers ou quatre
mille francs, reste huit mille francs.

Si l'enfant n'avait reçu que trois mille francs,
c'est à-dire les trois douzièmes ou le quart, l'autre quart, qui est trois mille francs ou trois
douzièmes, pourrait être donné à l'épouse
en usufruit. Mais, sur ce quart, il faut déduire un douzième en propriété équivalent à
deux douzièmes en usufruit ; ainsi, dans
l'espéce proposée, l'épouse ne peut recevoir

qu'un douzième en usufruit. (Toullier) (1).

La doctrine de M. Toullier est fondée sur ce que le donateur a eu le droit d'épuiser la quotité disponible la plus forte, et que les enfans n'ont point à se plaindre de la réserve à laquelle il était permis de les réduire. Que l'on détruise alors la différence des deux quotités disponibles, que les art. 913-1094-1098 soient fondus en un seul; quand un époux aura reçu le quart en usufruit et le quart en propriété, pourquoi ne recevrait-il pas encore la nue propriété du quart en usufruit? Le donateur pourrait disposer de cette quotité en faveur d'un étranger; de quoi se plaignent les enfans, s'il en dispose en faveur de l'autre époux? La loi pourtant a défendu cette donation. On le reconnaît, on avoue même que les art. 1094-1098 continuent de régir l'époux donataire.

Par quelle contradiction va-t-on ensuite confondre deux réserves différentes dans la réserve la plus forte? Lorsque la disponibilité de l'art. 1094 est la plus élevée, on l'applique aux étrangers comme à l'époux, cette quotité est-elle donc établie pour les étrangers? La loi n'est-elle pas assez précise? Dans l'hypothèse

------

(1) Voyez le Ve vol. de son *Traité*, pag. 778 – 779 et suivantes.

de trois enfans, l'étranger ne doit recevoir
qu'un quart en propriété, et vous allez supposer qu'il peut recevoir, outre cette quotité,
un quart en usufruit! Voyez la conséquence:
une fortune de trente-six mille francs, deux
donations et chacune de six mille sept cent cinquante francs. La quotité disposée est de treize
mille cinq cents francs, et forme la quotité disponible de l'art. 1094; un quart en propriété,
neuf mille francs, un quart en usufruit ou quatre
mille cinq cents francs. Mais l'art. 1094 ne régit
que l'époux; l'art. 913 a été fait pour l'étranger,
et, c'est d'après ce dernier article que l'étranger
doit être réduit : or, la quotité de l'art. 913 n'est
que le quart ou neuf mille francs. Pour tout
autre que l'époux, la disponibilité n'est que de
neuf mille francs; la supposer plus considérable de quatre mille cinq cents francs est une
augmentation arbitraire et illégale. Si l'on opère
donc par rapport à neuf mille francs, la donation de l'étranger est réduite à quatre mille cinq
cents; l'excédant est une portion de la réserve.

Veut-on que l'époux et l'étranger soient régis
par la même réserve, leur appliquer tantôt
l'art 913, tantôt l'art. 1094 ? désormais il ne
faudra plus parler d'une *seconde réduction*.
L'étranger qui, dans l'hypothèse de trois enfans,
aura reçu en propriété, verra sa donation réduite comme celle de l'époux, d'après l'art. 1094:

mais comment la verrait-il réduite encore d'après l'art. 913? On n'a pas osé aller jusque-là : la disposition de l'art. 913 est trop formelle ; l'étranger ne doit pas garder ce tiers : on abandonne l'art. 1094. Cependant il faut opter. Ou l'art. 913 régit l'étranger, dans le concours avec l'époux, ou il ne le régit pas : s'il le régit, la donation de l'étranger sera réduite par rapport à cet art. 913, et le système de M. Toullier est faux ; si, au contraire, l'art. 1094 s'applique au donataire, ou époux, ou étranger, ce donataire étranger peut recevoir plus du quart, et la loi se trouve violée du propre aveu de l'auteur. On invoque l'art. 1094, quand il s'agit de fixer la disponibilité générale, pour l'époux et pour l'étranger simultanément; on invoque l'art. 913, quand on en vient à la quotité particulière de l'étranger; on repousse et l'on appelle tour-à-tour une même disposition, on la proclame à la fois applicable et inapplicable. Il n'y a pas de milieu : si l'art. 913 régit l'étranger, il est contradictoire de le placer sous la quotité de l'art. 1094. Inutile de présenter la même déduction pour l'hypothèse inverse.

L'erreur est palpable dans l'une et l'autre opinion (1); M. Grénier n'a vu que l'intérêt

____

(1) Le système présenté par M. Toullier a été consacré

des légitimaires ; M. Toullier ne s'est pas appuyé que sur les droits des donateurs ; ils ont saisi une idée isolée, et en ont fait la loi de la matière.

M. Grénier ne voudrait voir qu'une exception de faveur pour l'époux, restreinte au cas où il est unique donataire, dans l'art. 1094 ; et il arrive que cette faveur n'en est plus une dans plusieurs circonstances, et l'on en vient à appliquer l'exception à tous les cas : s'il existe trois enfans, l'époux gagne à être réduit par l'art. 913 ; et quelque soit le nombre des enfans, l'époux ne recevra jamais plus que la quotité de l'art. 1094.

M. Toullier parle des droits que l'on a en général pour la disposition de ses biens, et il s'agit de savoir si l'on a usé de ces droits, si les donations faites sont conformes au mode lé-

---

par plusieurs arrêts de la Cour royale ; et le pourvoi contre un de ces arrêts a été rejeté le 21 juillet 1813. M. Grénier lui-même a rétracté son opinion, pour se ranger à l'avis de M. Toullier ; pourtant, il y a quelque chose de vrai dans l'opinion de M. Grénier : les étrangers ne participent point aux avantages de l'art. 1094 ; tandis que M. Toullier contrevient tour-à-tour aux art. 913 et 1094. Le système de la plus forte quotité ne diffère de la doctrine abandonnée que par une confusion plus entière et une violation plus flagrante des lois sur *la réserve*.

gal que l'on a adopté. Il avoue que la donation de la quotité la plus élevée doit *seule profiter de l'extension donnée, en* sa faveur, à la *quotité disponible ;* et l'autre donataire en *profitera,* puisqu'il devra être réduit par rapport à cette même quotité.

Il est à remarquer quel l'on a toujours voulu se placer sous un seul article; le débat n'a existé que sur le choix entre la réserve de l'art. 1094 et celle de l'art. 913. Précisément il n'est possible d'arriver à rien de vrai, ni par l'une ni par l'autre. L'art. 913 est fait pour les étrangers, l'art. 1094 est fait pour l'époux; et les dispositions de ces textes sont générales et absolues. L'époux ne cesse pas d'être époux, quand il est en concours avec des étrangers, et ces derniers n'abdiquent pas davantage leur qualité, lorsqu'ils sont en concours avec l'époux. C'est pour l'époux donataire, c'est pour les étrangers donataires, quels que soient les co-donataires du premier et des seconds, qu'ont été rédigés séparément les art. 913. 1094. Le législateur n'ignorait pas la possibilité d'un concours ; la fréquence en était trop visible. Qu'importait ce concours ? était-il moins vrai que l'époux ne pouvait recevoir qu'un quart en propriété et un quart en usufruit? que les étrangers recevaient ou le quart ou le tiers, ou la moitié des biens?

Si l'on réduit par rapport a la plus grande

quotité, l'un des donataires aura plus qu'il ne doit avoir, puisqu'il sera régi par une disponibilité plus forte que la sienne : si l'on réduit par rapport à la plus petite quotité, un des donataires aura moins qu'il ne doit avoir, puisqu'il sera soumis à une réserve plus étendue que celle qui grève sa donation. Pour obtenir la véritable disponibilité dans le concours des deux espèces de donataires, il faut réduire les étrangers d'après l'art. 913, et l'époux d'après l'art. 1094; la réserve se composera de la réserve de l'art. 913 dans sa portion corrélative à la donation de l'étranger; plus de la réserve de l'art. 1094 dans sa portion corrélative à la donation de l'époux. On n'arrivera ainsi ni à la plus petite ni à la plus forte quotité, mais bien à une quotité formée de la plus petite et de la plus forte en même temps; et cette disponibilité sera en harmonie avec les donations, qui sont, l'une et l'autre, régies par une réserve plus grande et une réserve moins grande.

Ainsi se trouveront appliqués en même temps les art. 913-1094; le premier ne cessera pas de régir en tout point les étrangers, et l'époux n'aura pas sorti de la sphère du second. Supposez une fortune de trente-six mille francs, donation de neuf mille francs à l'époux, autre donation de dix-huit mille francs à un étranger; soient deux enfans. Par l'art. 913, ou dans

le système de M. Grénier, il y a douze mille
francs dans la quotité disponible; par l'art. 1094,
ou d'après M. Toullier, il y a treize mille cinq
cents francs : Si les deux donations étaient de
la même espèce, elles appartiendraient à l'une
ou l'autre de ces quotités; supposons qu'elles
appartiennent à celle de l'art. 913, elles l'ex-
céderont de quinze mille francs, puisqu'elles
s'élèvent en totalité à vingt-sept mille francs.
En réduisant la disposition de neuf mille et
celle de dix-huit mille ; la première reste de
quatre mille et la seconde de huit mille : le donataire de l'art. 913 est réduit conformément
à cet art. 913; tout pour lui est légal et rigoureux.

Mais l'époux ne peut être réduit d'après cette
quotité : appliquons donc à l'époux la quotité
qui lui est, personnelle. Pour lui, la disponibilité est d'un quart en propriété et d'un quart
en usufruit, ou de treize mille cinq cents francs.
Si les deux donations avaient été faites par rapport à cette quotité, elles l'excéderaient de treize
mille cinq cents francs. En les réduisant, celle
de neuf mille francs conserve quatre mille cinq
cents francs, celle de dix-huit mille francs aurait onze mille francs. L'époux se trouve réduit par l'art. 1094; il obtient ce qui lui est
accordé par la loi : quant à l'étranger, il n'y a
que la réduction précédente qui puisse lui être
appliquée. Ces deux quotités, ainsi calculées,

formeront la disponibilité de douze mille cinq
cents francs; et la réserve sera de dix-sept mille
cinq cents francs. Chacune des donations , soumise à sa réserve correspondante, produit une
réserve partielle; et ces deux parties composent
la réserve du *concours* : telle est la véritable
combinaison de la loi. Dans ce système disparaissent les contradictions et les illégalités ; dans
ce système seul il est vrai de dire, avec tous
les textes de la matière, que la quotité disponible en faveur des étrangers est réglée par
l'art. 913; que celle disponible en faveur de
l'époux est déterminée par l'art. 1094.

~~~~~~

ART. 1319—1320—1322.

—

Les actes font-ils foi entre les tiers, de la convention dont ils font foi entre les parties contractantes ?

Le code est d'une brièveté énergique sur la *foi due aux actes*, et cette brièveté a semblé une lacune à nos jurisconsultes modernes. Il était naturel de la remplir parce que l'on avait appris ; et l'on s'est empressé d'adopter la doctrine de Pothier. La jurisprudence, guidée par MM. Toullier et Merlin (1), a reproduit jusqu'aux termes de l'illustre auteur du *Traité des Obligations :* « L'acte prouve contre un tiers *rem ipsam*, c'est à-dire que la convention qu'il renferme est intervenue » (2).

L'obligation conventionnelle est un rapport d'individu à individu; pour toute personne autre que ces individus, la convention est comme si

____

(1) Voyez *le Répertoire* aux mots *Acte* et *Tiers*.
(2) Voyez *Pothier*, IVe partie, p. 187.
~~~~~~

elle n'existait pas. Seulement il peut arriver que l'on soit *aux droits* des personnes comprises dans le rapport, ou sous un mode universel, ou sous un mode singulier; alors vous entrez dans ce rapport; la convention existe pour vous, elle vous touche et vous lie. De quelque manière que l'on se trouve dans le rapport d'obligation, *héritier* ou *ayant-cause*, je conçois la nécessité de le constater entre tous ceux qui s'y trouvent, par cela seul qu'il limite et modifie leurs droits. Mais les droits de chacun étant dans sa propre et libre disposition, pourquoi établir contre chacun une *obligation* à laquelle il ne participe ni ne participera jamais ? La volonté d'un individu restant étrangère à toutes les autres, que signifierait la preuve de cette volonté pour ces derniers ? La première observation qui me frappe est donc l'inutilité complète de la *foi due aux actes* par les tiers ou étrangers : les art. 1319 - 1322 auraient-ils consacré un principe sans application, sans but, sans réalité ? renfermeraient-ils une vaine et ridicule formule ?

La foi due aux actes repose sur certaines garanties ; et ces garanties sont personnelles aux contractans. Authentique ou sous seing-privé, l'acte n'a pu se faire sans la participation des individus qui stipulent ou s'obligent ; cette participation, environnée de formes protectrices, devient une présomption difficile à attaquer, et la preuve la plus inébranlable de l'ordre civil. Pour les tiers, où sont les garanties? quels faits les assurent de la vérité? sur quoi sera basée leur foi due à l'acte? Etranger à cet acte, étranger à ceux qui l'ont dressé, étranger à toutes les circonstances qui ont pu le produire, leur sera-t-il permis d'en argumenter? leur sera-t-il imposé de le reconnaître, comme à ceux pour qui il est fait, à ceux qui l'ont dressé, qui y ont donné leur approbation et mis leur signature? car, il n'y a pas à distinguer entre les actes authentiques et les actes sur signature privée; la loi les identifie sous le rapport qui nous occupe. La convention écrite par de simples individus fera preuve complète contre les tiers, de même que l'acte reçu par des officiers publics.

La force de la chose jugée ne s'étend qu'aux personnes qui ont été parties dans le jugement, parce que là aussi les élémens de constatation sont personnels et limités. Pourquoi la force de l'acte aurait-elle une plus grande étendue? Le jugement est une déclaration forcée, tandis que l'acte est un aveu volontaire; mais cette différence ne touche que les *parties*; la nature de ces deux formes probantes les circonscrit dans la même sphère, et cette sphère ne comprend que les personnes qui ont été *acteurs* dans le procès ou dans le contrat. Si l'on transporte l'une de ces formes sur tout autre terrein, on lui ôte son appui ; elle perd jusqu'à l'ombre de la vie : ne reposent-elles pas toutes deux sur l'étai de la participation personnelle ? et ne sont-elles pas inhérentes aux limites qui les renferment ? Arracher violemment une chose à ses relations, à ses conditions d'existence, n'est-ce pas les briser et les frapper de mort ?

Les art. 1319-1322 ne laissent pas le moindre doute à cet égard : « L'acte authentique fait pleine foi de la convention qu'il renferme entre les parties contractantes et leurs héritiers ou ayant-cause. » L'acte sous seing-privé fait absolument la même *foi*, suivant l'art. 1322. Est il dit un mot des tiers et des étrangers ? La preuve n'est-elle pas bornée aux *parties ?* Comment la transformer tout-à-coup en preuve universelle ? Il est assez rigoureux d'attacher à des faits, surtout infidèles, l'infaillibilité de la preuve : il serait contre toute raison d'établir cette rigueur là où le législateur s'est gardé de l'imposer. Les art. 1319-1322 sont positifs ; il faut les suivre.

Quand il s'est agi des choses exprimées seulement en termes énonciatifs dans les actes, on a eu recours à ces dispositions précises des art. 1319-1322 : pour ces choses, l'acte ne fait foi qu'entre les parties ; on en convient. Mais quelle est la raison d'une telle différence ? Ecou-

tons M. Toullier (1) : « Si les énonciations, insé-
rées dans un acte de faits qui ne se sont point
passés en présence des notaires, font, entre les
parties, tantôt une preuve complète, tantôt un
commencement de preuve, il en est autrement
contre les tiers qui n'étaient point parties dans
l'acte. C'est une chose qui leur est absolument
étrangère, qui ne peut leur préjudicier, ni les
obliger, ni faire contre eux aucun degré de
preuve. *La raison en est qu'on ne saurait pré-
sumer qu'ils aient donné aucune approbation
à ces énonciations.* » N'est-ce pas les réfuter
assez ? Quelle approbation ont ils jamais donnée
à la convention elle-même, ou à l'acte qui la
constate ? Ne sont-ils pas aussi étrangers au fait
principal et essentiel du contrat, qu'à ses énonciations plus ou moins vagues ? Est-il convenable que sur deux faits, qui me sont également
étrangers, on m'ordonne d'adopter l'un, tandis
que je pourrais rejeter l'autre ? et les articles que
l'on invoque n'ont pas une disposition séparée
pour les *énonciations ;* ils portent simultanément sur la *convention* et les *faits énoncés :* si
les actes font foi *contre les tiers*, ils font foi
même de *leurs énonciations ;* et s'ils ne font
foi de leurs énonciations qu'*entre les parties*,

____

(1) Pour l'exposé du système des actes contre les tiers,
voy. tome VIII, pag. 220 et suivantes.

ils ne font que la même foi de *la convention.*
Impossible de scinder la loi, et d'interpréter
les mêmes termes dans deux sens contradictoires (1).

Il a toujours paru si contraire aux principes
et à la simple raison, qu'un individu fût soumis
à un acte auquel il était resté étranger, qu'après
avoir établi, en thèse générale, la *foi due aux
actes par tous*, on n'a pas osé en subir les conséquences : on a reconnu que, dans la réalité,
cette foi ne pouvait guère être exigée. Ce qu'il
y a de remarquable, c'est que le cas où l'étranger a été dispensé de la *foi due à l'acte* est
précisément le cas unique où un acte semblerait toucher les droits des tiers. Dans un inventaire, en effet, il s'agit de constater ce qui est
dans la succession, ce qui est intervenu entre
le défunt et les tiers, les obligations actives ou
passives : il entre dans ce contrat quelque chose
de relatif aux étrangers ; on y reconnaît l'existence de telles conventions où ils sont *parties;*

____

(1) Je fais rentrer les *énonciations* sous les art. 1319-
1322, parce qu'il est évident que l'art. 1320 n'a pas
d'autre effet ; il ne parle pas même des limites de la foi due
à ces *énonciations*, il se contente de mettre les choses
énoncées sous l'empire de la règle établie pour les conventions, sauf ce qui est relatif aux énonciations indirectes.
L'article n'a même été rédigé que pour ces dernières énonciations.

cette existence sera désormais constatée entre ceux qui sont intervenus dans l'inventaire : sera-t-elle également constatée entre les personnes qui ont été dans la convention primitive? On avoue que l'inventaire ne fera preuve qu'entre ceux qui y ont figuré ; que le titre inventorié devra être représenté, pour que l'obligation demeure établie.

Pourtant, si un acte fait foi contre tous de ce qu'il renferme, comment cet inventaire ne fait-il pas foi des obligations qu'il constate et décrit d'une manière si détaillée? Les jurisconsultes anciens et modernes se sont chargés de cette contradiction : voyons comment ils ont cherché à l'expliquer ; Pothier sera leur interprète : « De ce que les actes authentiques prouvent *rem ipsam* contre les tiers, en doit-on conclure que l'inventaire des titres d'une succession, fait par-devant notaire, dans lequel il est dit qu'il s'est trouvé un brevet d'obligation d'une certaine somme due par un tel, pour cause de prêt, en tel temps et devant tel notaire, fait foi de la dette contre le débiteur qui est un tiers, et qui n'était pas présent à l'inventaire, sans qu'il soit besoin de rapporter le brevet d'obligation? Non ; car, de ce que l'inventaire prouve *rem ipsam*, il s'ensuit seulement qu'il s'est trouvé un brevet d'obligation ; mais il ne s'ensuit pas que la dette soit due, parce que le défaut de

*

représentation du brevet d'obligation fait pré-
sumer, ou qu'il y a quelque vice ou défaut dans
ce brevet que l'on ne représente pas, qui empêche qu'il ne puisse faire foi de la dette, ou
que, dans l'inventaire, il a été rendu au débiteur, lors du paiement qu'il a fait du contenu
en l'obligation. (1) »

Distinguons d'abord entre l'obligation elle-
même, et la forme qui la prouve; on les a
confondues pour la commodité du sophisme.
L'inventaire ne constate-t-il que l'existence du
brevet, comme forme? Cette forme, du moi ns,
sera établie contre tous; et alors impossible d'argumenter de sa non représentation. Vous la présumez viciée et nulle, sur quel fondement? Si
vous eussiez assisté à l'inventaire, vous serait-il
permis d'élever une telle présomption? Non,
sans aucun doute; l'inventaire ne fait donc pas
la même foi contre les *tiers* que contre les *parties à l'acte*. Si un étranger a toujours le droit
de repousser un acte, par une présomption de
nullité infectant ce qu'il prouve, c'est une dérision d'avancer que cet acte prouve contre les
étrangers. De même que, dans l'inventaire, on
suppose nul, le brevet mentionné, de même
on supposera viciée par erreur, violence.....

---

l'obligation prouvée par un acte quelconque.
On induit le *paiement*, de ce que le brevet
n'est pas représenté : qu'importe cette représentation, si l'existence du brevet est sûrement
établie ! comment supposer une libération,
quand la forme probante existe dans son intégrité ? Que l'on nous dise ce que sera un acte
qui fera *pleine foi* contre les tiers, et à l'encontre duquel ils supposeront l'accomplissement
du fait prescrit par cet acte ? L'obligation sera
prouvée, mais elle sera réputée accomplie ; et,
par ce moyen, la force de la preuve s'évanouit.
Est-ce ainsi que la loi institue les modes de
constatation ? est-ce ainsi qu'on les a présentés
pour les parties contractantes, dans les ouvrages
même des jurisconsultes que nous combattons ?
Le premier argument revient dans toute sa
force : si l'acte est repoussé par le tiers, quand
il ne peut l'être par les parties, il n'est pas vrai
de dire qu'il établit *rem ipsam contra omnes ;*
pour le tiers, la convention *res ipsæ* n'est
pas vraiment constatée.

Ce n'est pas seulement le brevet, comme
forme, que prouve l'inventaire ; outre qu'il est
impossible d'abstraire réellement la forme de
la chose elle-même, il est évident qu'entre les
personnes présentes à l'inventaire, l'obligation
est reconnue et incontestable : quand même le
titre viendrait à se perdre, l'inventaire ferait foi

que telle obligation se trouvait dans la succession, et il n'y a pas de soustraction à craindre de la part de quelques héritiers. Si l'acte fait foi contre les tiers, nécessité que l'inventaire fasse foi de l'obligation contre le débiteur; dès-lors, que devient cette allégatiou du *brevet vicié?* ce n'est plus le brevet que l'on invoque, c'est sur l'inventaire que l'on s'appuie : l'inventaire fait foi de la dette *contrà omnes.* Comment supposer le paiement? à qui incombe la preuve de la délibération? Au créancier ou au débiteur? La dette est prouvée, montrez un acquit. La présomption que l'on a rendu *le titre* devient insignifiante ; car c'est l'inventaire qui est le *titre,* et il n'a point été rendu : l'obligation serait donc établie, et il faudrait l'accomplir.

M. Toullier, en professant la doctrine de Pothier, suppose que le *brevet* n'est qu'un de ces faits dont l'acte authentique ne prouve point l'existence contre les tiers, parce qu'ils ne se trouvent exprimés qu'en termes énonciatifs. Il y a erreur palpable; non seulement ce n'est point la doctrine de Pothier, mais le *brevet mentionné* dans l'inventaire est de l'essence de cet inventaire. On a confondu la *relation* d'un acte dans les actes ordinaires, avec la *relation* dans l'inventaire. Mais à quoi est destiné l'inventaire? L'art. 943 du Code de procédure ne le destine précisément qu'à ces *relations* de choses ou de titres, dont on voudrait faire un objet incident. L'inventaire doit constater, entre les héritiers ou créanciers, ce qui est dans la succession ; et ce qui y est se compose du *brevet*, et de.... Ainsi le brevet n'est pas rappelé d'une manière incidente et énonciative ; l'existence de ce brevet est un fait dont le notaire a pu s'assurer, pour lequel même il était requis. Il serait prouvé contre les tiers, lors même qu'une distinction serait admissible entre la preuve des énonciations et celle de la convention, à l'égard de ces tiers.

Toutefois, on ne peut se résoudre à accorder à des individus le droit de se fabriquer un titre contre des étrangers. Il répond que tel doit être, pourtant, le résultat de la doctrine, si elle n'est pas absolument illusoire. Si une preuve faite pour le tiers, ne constate qu'une chose indifférente pour eux, une chose sans influence sur leurs droits ; si elle ne les oblige pas en quelque point, et si elle n'oblige personne envers eux : je le répète, *l'acte probant envers les tiers* est une conception ridicule. Si, au contraire, elle les oblige ou oblige envers eux ; la spoliation est permise et facile, on aura des droits que l'on n'avait jamais soupçonnés.

Dans l'un comme dans l'autre cas, on sentait bien que la preuve envers les tiers était inadmissible ; et il était difficile d'échapper à l'alternative. Mais on était trop habile pour réduire la question à des termes si simples ; on s'attache d'abord au principe général de la foi des actes, que l'on isole de toute conséquence. Puis on reconnaît bien que les tiers ne peuvent se trouver obligés sans leur participation ; qu'ils ont droit de douter si « l'acte est sincère, s'il est légitime, si la somme a été réellement prêtée ; » mais il ne fallait pas retomber dans l'inutilité, et des hypothèses se présentent où les droits des tiers sont respectés, et où la preuve semble nécessaire contre ces derniers. Du reste, on ne s'arrête pas à analyser les faits ; on énonce et l'on suppose qu'ils justifieront en même temps deux principes opposés diamétralement ; *la nécessité des actes, nulle obligation imposée par ces actes,* que l'on applique aux étrangers.

Le créancier et le possesseur annal (1) sont les deux espèces les plus favorables ; je les accepte, s'il n'est pas prouvé, dit-on, contre le créancier, que le débiteur ait vendu tels biens, ce créancier peut les considérer comme son

---

(1) On a aussi parlé de la prescription par dix et vingt ans avec titre ; où voit-on que l'acte prouve nécessairement contre le véritable propriétaire. Le terme ordinaire de la

gage ; il a droit de se faire payer sur le prix. Comment procédera-t-il ? Les biens sont désormais la propriété de l'acquéreur, et cette propriété est défendue par un titre ; comment évincer cet acquéreur ? C'est au créancier de prouver que ces biens lui appartiennent, ou que, du moins, il a le droit de les faire vendre. L'acquéreur n'a rien à prouver, il possède, et il a un titre pour appuyer sa possession ; il faut détruire cette possession et ce titre, pour lui enlever sa propriété. Il n'y a rien de constaté contre le créancier, mais il n'était besoin de rien constater ; la qualité de débiteur n'entrave aucunement

---

prescription est de trente années ; on l'abrège lorsque la possession se trouve liée à un titre, parce que le possesseur se trouve dans une position plus favorable. En considérant ces deux faits, *possession* et *titre*, la loi les régit autrement qu'elle ne régit la simple *possession :* rien n'établit qu'elle les considère par rapport à des étrangers ; il suffit qu'elle les apprécie en eux-mêmes, et comme faits, pour que le temps soit réduit à dix ou vingt années. Je vais plus loin ; si la loi considérait l'acte comme prouvant contre le véritable propriétaire, si elle le réputait instruit de la possession, comment lui donnerait-elle vingt ans pour réclamer ? N'est-il pas évident qu'elle ne lui accorde un si long délai, que parce qu'il fallait lui laisser le temps nécessaire pour apprendre l'envahissement de sa propriété ?

la faculté de vendre : quoique l'acte ne fasse pas foi contre ce créancier, il ne reste pas moins que la propriété a été transmise. Le créancier conserve ses droits, il pourra prétendre que tels biens appartiennent à son débiteur, et par suite en demander la vente, mais à lui incombe nécessairement de prouver le fait de la propriété.

Entre le créancier et l'acquéreur tout est négatif, comme entre un créancier et les biens de tout autre individu que son débiteur; il y a absence complète de relation ; est-il permis d'en créer à son profit? Est-il possible d'imaginer que la loi impose la nécessité de prouver, contre un individu que l'on n'a dû ni pu connaître, un individu absolument étranger au droit qu'il conteste, un individu qui n'aurait pu, en aucune manière, s'exposer à ce qui a été fait, qui ne peut reprocher ce qui est?

Quant au possesseur annal, il n'a rien à prouver : la présomption de propriété est pour lui ; mais quels faits doivent être constatés contre lui? à quoi doit céder la présomption fondée sur la possession? Il ne faut pas croire que cette possession ne cède qu'à une preuve rigoureuse de la propriété, faite contre le possesseur. On convient qu'un acte *probant contre les tiers* suffirait pour l'emporter sur la possession, et cet acte ne prouverait qu'une chose, c'est que le réclamant a acheté, qu'il a voulu acquérir : le vendeur a-t-il pu transmettre ? était-il réellement propriétaire ? S'il ne l'était pas, l'acquéreur n'a pas de droit. Devant cet acte, pourtant, la présomption annale disparaît : le *titre* est plus fort que la *possession*. Serait-il même exigé que ce titre fît foi contre le possesseur ? La transmission par obligation est un moyen d'acquérir, comme la possession. La loi déclare que cette possession, avant de produire le droit de propriété, est une présomption que l'on est propriétaire ; mais une présomption doit s'évanouir devant un mode d'acquisition accompli, et il y a acquisition accomplie dans une obligation. Ce que la loi met dans la balance, c'est le double fondement sur lequel chacun appuie son droit de propriété : l'un invoque une possession annale, l'autre s'appuie sur une transmission par la volonté directe du propriétaire. La transmission triomphe de la possession.

La preuve de ces faits est en-dehors de la lutte entre le possesseur et le propriétaire. La vente consentie par Titius est prouvée contre Titius ; et l'acte forme un titre pour l'acquéreur. L'acte ne prouve pas *contrà omnes;* mais la propriété n'est pas moins transmise, le titre n'est pas moins puissant. Caïus a acheté de Titius, et il a constaté son acquisition contre Titius ; c'est sur Titius que la propriété résidait pleine et entière : tout se réduit donc à prouver contre ce Titius. Pourquoi l'acte ferait-il foi contre d'autres ? Quel autre pouvait empêcher que la vente ne se fît, ou la méconnaître après l'avoir faite ? Comment l'acte prouverait-il contre un possesseur annal, qui peut-être n'existera jamais ? Qu'y a-t-il même de commun entre un individu quelconque s'emparant de la possession, et un autre individu acquérant ce que le premier possède indûment ? Qu'importe tel ou tel fait ? Le titre de propriété existe, il se défend par sa valeur intrinsèque : essentiellement attributif de tels ou tels biens, c'est autour de sa force propre que viennent se grouper les droits de chacun.

Supposez que Caïus ne soit propriétaire qu'en vertu d'un jugement ; le créancier et le possesseur auront-ils la faculté de le dépouiller ? La propriété de Caïus ne sera-t-elle pas encore défendue par un titre ? Parce que ce titre ne prouve qu'entre les parties, tous autres seront-ils admis à le qualifier d'impuissant ? les droits de Caïus seront-ils à la merci du premier qui voudra les envahir ? Faudra-t-il juger cent fois successivement que Caïus est propriétaire ? Un acte sous seing-privé, que sa nature place dans la volonté de deux individus, aura-t-il plus de force qu'un jugement rendu sur une instruction approfondie, après l'examen scrupuleux des faits et des allégations ? Il faut le reconnaître, le jugement sera un titre; et pourtant ce titre ne prouve qu'entre les parties : mais tel qu'il est, il suffit pour défendre les droits de Caïus; seul il prévaut contre toutes les prétentions d'étrangers.

Nous avons dit, en commençant, qu'une relation quelconque de droits individuels était essentiellement indifférente à tous autres qu'à ceux qui ont formé la relation; on a bien essayé de montrer qu'elle pouvait préjudicier à des tiers, et l'on a reconnu qu'elle ne pouvait jamais leur profiter. Si une relation préjudicie, la relation opposée ne devrait-elle pas être avantageuse ? Quel est donc cet intérêt à repousser un titre, qui n'existe plus pour invoquer le titre contraire ? Si les actes font foi contre les tiers, ils font nécessairement foi pour les tiers ; la même forme probante ne peut être en même tems décisive contre un individu, et insignifiante pour lui : ce qui cause la ruine doit assurer le triomphe.

Ces contradictions révèlent une observation importante, c'est que l'on a voulu faire sortir des actes la preuve contre les tiers, que parce que l'on a cru avoir besoin de prouver contr'eux; et comme ce besoin n'a apparu que dans quelques faits, où les tiers semblaient éprouver un préjudice, on s'est borné à en faire sortir la

preuve contr'eux, et non la preuve pour eux.
De cette sorte , on n'aurait pas cherché des
faits pour justifier un principe , mais un principe pour justifier des faits. Mais avaient-ils été
exactement analysés ? N'avons-nous pas établi
qu'ils se produisaient d'une manière identique,
sans que la preuve contre les étrangers leur
serve d'appui? Des faits mal vus, mal appréciés,
voilà probablement l'origine de tout le débat.

Prenez garde que l'intérêt du créancier ne touche pas le contrat de vente en lui-même; il touche
un fait général, la position du débiteur devenu
insolvable ; et pour se prémunir contre ce fait,
le créancier a des droits limités et reconnus. Cet
intérêt touchât-il la vente , il n'aurait point
d'existence légale , puisqu'il ne peut s'opposer
à ce qu'elle se fasse. La relation du débiteur est
absolument séparée de la relation de vendeur ;
et si elles ne se touchent sur aucun point, comment établir entr'elles une subordination quelconque? Pourquoi l'acquéreur aurait-il à constater envers un créancier ? Encore une fois, ces
deux individus n'ont rien de commun ; le vendeur use de son droit en vendant , et ce droit
est dans l'indépendance complète de tout autre
droit. De même que le créancier n'invoque pas
le titre de son débiteur qui acquiert, de même
il est sans force contre le titre de son débiteur
qui aliène.

Et qu'importe au possesseur annal que Titius ait vendu à Caïus ! La présomption de possession s'élève aussi bien contre le premier que contre le second ; elle s'élève contre tous. Ce qui lui importe , c'est que la propriété ne réside sur la tête de personne , c'est que les biens soient sans maître. La transmission de ces biens est donc sans aucune espèce d'influence sur le possesseur ; qu'ils soient à Titius ou à Caïus , le droit de propriété combat la possession. Ainsi , il n'y a pas l'ombre d'un motif pour que l'acte prouve contre ce possesseur ; entre le propriétaire et le possesseur annal , on n'aperçoit pas la trace de la plus légère relation. Quel est cet intérêt monstrueux en droit civil, qui voudrait que ces biens fussent sans maître ? et comment est-il possible de l'écouter un instant ?

Il y a plus : c'est que les jurisconsultes, qui prétendent *prouver contre les tiers* , désavouent bien vite leur doctrine ; ils déclarent que ces tiers pourront, malgré la foi des actes, les attaquer par tous les modes de constatation , la forme testimoniale et les présomptions. Cependant, l'art. 1348 porte que la foi d'un acte ne peut être ébranlée par ce genre d'attaque : il n'y a pas à éluder un texte si formel. Si les actes font foi contre les tiers, ils ne peuvent les détruire que par d'autres actes : la preuve testimoniale est prohibée. Si des témoins l'emportent sur un titre, ce titre ne fait pas foi contre ceux qui en triomphent; il ne fait pas foi dans le sens des art. 1319, 1322 et 1348; et alors tout le système est renversé. Pour nous, les tiers n'attaquent point précisément les actes, parce que les actes ne constatent rien à leur encontre : mais, quoique le propriétaire s'appuie sur un acte, il sera permis aux tiers de prouver que la propriété ne lui a point été transmise; et cela lui sera permis par un mode quelconque, parce qu'aucun n'a été proscrit par la loi. La preuve de la simulation se réduit à la preuve que la propriété n'a pas été réellement vendue; la question s'isole de tout acte, de toute forme spéciale : Titius est propriétaire, voilà ce qui est constant; mais cette vérité n'est pas incontestable; on a droit de prouver qu'il n'est pas propriétaire : on rentre alors dans le droit commun; on constate sous toutes les formes.

On n'objectera pas que les tiers ont un intérêt à ce que la vente n'ait pas eu lieu, quelque indirect qu'il soit, puisque nous supposons qu'il leur sera permis de constater que Caïus, acquéreur, n'est pas réellement propriétaire; on ne l'objectera pas, dis-je, pour essayer de nous mettre en contradiction : ce serait confondre deux choses bien distinctes. Lorsque deux relations sont indépendantes, l'exercice de la première ne peut limiter en rien l'exercice de la seconde, et réciproquement ; alors, les personnes qui les forment sont sans intérêt reconnu et garanti par la loi, sans intérêt à ce que la relation où elles n'entrent pas soit ou non formée. S'il y avait un intérêt légitime, elles pourraient empêcher que la relation ne se formât. Si cet intérêt n'existe point, il est inconcevable que l'une des relations doive être constatée par rapport à l'autre relation : entr'elles nous ne pouvons rien apercevoir qui les lie, et il faudrait découvrir un lien quelconque. Chaque relation a une sphère circonscrite par la loi ; dans cette sphère elle doit se développer isolément, et c'est porter atteinte à sa nature, que de la transporter sur un terrein étranger. Que l'on puisse ensuite prétendre que la relation n'a pas été exercée, que l'on s'appuie même sur un intérêt pécuniaire, quelque vague, quelque éloigné qu'il soit, pourquoi refuser d'admettre cette preuve, puisqu'un profit quelconque y est attaché ? Il ne s'agit plus ici de dénaturer des relations civiles ; il s'agit de l'intérêt d'un plaideur qui admet les principes et dispute sur les faits.

Enfin, on ne se fera pas une arme de nos concessions ; et, si l'on veut absolument que les actes prouvent contre les tiers, parce qu'il serait nécessaire que les conventions fussent établies contr'eux, parce que la loi entendrait qu'ils ont la faculté de l'exiger : nous le concédons ; et l'on n'y gagne rien ; car l'obligation de croire à l'acte fabriqué par des étrangers, serait repoussée par les principes de Pothier et de M. Toullier ; les tiers pourraient demander si « l'obligation est sincère, si elle est légitime » (1), comme ils le demandent sur ce qui est mentionné dans un inventaire. On ne veut pas imposer à un tiers l'obligation de payer sur un acte dans lequel il n'a point été partie ; on ne peut pas, sans contradiction, lui imposer davantage l'obligation de *croire*, sur cet acte qui lui est étranger. Dans les deux cas, il faut prouver la convention ; c'est une nécessité rigoureuse pour ceux qui demandent le paiement de la partie, ou la confiance des tiers. Si la convention est constatée loin de cette partie et de ces tiers, on s'est fabriqué un titre à soi-même, et ce titre demeure frappé d'impuissance. Ainsi, quand la nécessité des actes aurait été démontrée, et qu'il faudrait abandonner tout ce que nous avons dit sur leur inutilité, le système de la foi des actes ne pourrait encore se soutenir sur ce point. Nécessaires, ils violent

______

(1) *Voy.* M. Toullier, vol. et pag. déjà indiqués.

les droits des individus; inutiles, la preuve est une dérision. Et c'est pour arriver à de tels résultats que l'on a torturé des textes si clairs et si précis ! « L'acte authentique fait pleine foi » entre les parties contractantes.... (Art. 1319.) « L'acte sous seing-privé a, entre ceux qui l'ont » souscrit, la même foi que l'acte authentique. » (Art. 1322.)

Il est encore indispensable de repousser de notre droit une vieille maxime que nous a léguée, avec mille autres, l'ancienne jurisprudence : c'est l'adage, *Enuntiativa probant in antiquis.* On n'était pas d'accord sur le nombre d'années qui constituait l'ancienneté. Quarante, cinquante, cent années étaient tour-à-tour soutenues comme indispensables. Un tel arbitraire n'est plus possible, là où les principes de l'ordre civil ont été fixés. Les énonciations ne font aucune foi contre les tiers ; tel le prescrit rigoureusement l'art. 1320 : pour attacher *la foi* aux énonciations anciennes, il faudrait une exception formelle à cet art. 1320, et elle ne se trouve nulle part. On essaie d'éluder l'application de la loi, en récusant quelques-unes des conséquences qui découlaient de la *maxime*, sous la coutume de Paris, et suivant ses commentateurs ; mais il n'y a pas de milieu : ou les énonciations feront foi, comme un acte fait foi de ce qu'il renferme, et alors l'art. 1320 est ma-

*

nifestement violé ; ou elles ne feront pas *foi
entière*, et elles ne sont plus que des presomp-
tions , que le juge peut admettre ou repousser
selon les circonstances ; dans ce dernier cas,
que l'on ne rappelle point l'adage de la coutume de Paris ; ce que cette coutume voulait,
c'est que les énonciations anciennes fissent foi
comme un acte lui-même. Si cette ancienneté
n'est plus qu'une présomption, elle rentre sous
l'empire de l'art. 1353 : elle n'est admissible que
comme indice testimonial ; et l'on doit même
lui donner une plus grande latitude, dans certains rapports, que celle qu'elle avait sous la
coutume : ce cortége, de quarante, cinquante,
cent années, devient superflu. C'est aux lumières du magistrat, que la loi confie le soin de
discerner quels caractères fondent la vraisemblance et conduisent à la vérité. Tout se réduit donc à savoir si telle énonciation ancienne
sera considérée par le juge comme une présomption capable d'éclairer la justice.

On a rapproché l'*ancienneté* de l'*énonciation* sous la coutume de Paris, de l'*ancienneté des copies*, sous le code, art. 1335 ; il n'y
a aucune analogie : dans le premier cas, il s'a-
git d'un fait que l'on prétend prouver par telle
forme ; dans le second, il s'agit d'une forme
probante que l'on veut identifier à une autre
forme. Tel fait est-il constant ? Voilà la pre-

mière question. Telles formes probantes sont-
elles identiques, cette copie est-elle conforme
à l'acte original ? C'est la seconde question.
Il n'y a donc aucune espèce de similitude, et
les énonciations restent gouvernées par l'article 1320 : inutile d'ajouter que l'art. 1335 est
exhorbitant du droit commun, qu'il est nécessaire de le restreindre sévèrement dans la
limite de ses termes (1).

---

(1) On a voulu aussi couvrir de l'ancienneté, les nullités
de forme ; c'est encore introduire une loi factice dans la
véritable loi. Il n'y a de possible et de légal que le système des nullités consacré par le Code civil. Ou la
nullité est prescrite, ou elle ne l'est pas. Nous espérons,
d'ailleurs, présenter sur les nullités de forme, une théorie
qui les fera sortir de toute application de temps et d'acte
confirmatifs.

Art. 1322-1328.

—

Quels sont les tiers (1) *contre lesquels la date de l'acte sous-seing-privé n'est pas assurée? Les ayant-cause de l'art.* 1322 *sont-ils au nombre des personnes auxquelles cette date est opposable?*

Les deux jurisconsultes les plus éminens de l'époque ont enseigné, chacun, une théorie opposée ; et la jurisprudence est partagée entre

---

(1) Il ne faut pas conclure de ce que les tiers ont *intérêt* à savoir le moment où une relation a été formée, qu'ils ont *intérêt* à savoir si elle l'a été. Les relations civiles ne sont pas subordonnées entre elles ; mais il peut arriver, dans des cas extrêmement rares, que telle relation n'ait pu se former validement, si, à un temps donné, telle autre relation était déjà formée : il y a donc alors intérêt pour les tiers à connaître le moment où cette première relation a commencé, il y a nécessité d'établir ce moment contre les tiers qui sont entrés dans la seconde relation. Le créancier saisissant n'est point intéressé à connaître, si ce débiteur a vendu ou n'a pas vendu, mais à quel moment

ces deux grands maîtres, sur une des questions les plus fécondes en applications importantes.

La théorie de M. Toullier est très-simple. Je la transcrits littéralement : « Caïus vend à Primus le fonds Cornélien, le 1er janvier 1817, par un acte en bonne forme, mais sous seing-privé. Le 1er mars suivant, Caïus vend de nouveau le même fonds Cornélien, mais par acte authentique, à Secundus, qui ignore l'existence du premier contrat. Laquelle des deux ventes doit prévaloir entre ces deux acquéreurs également du bonne foi ? La première, sans contredit : car, dans les principes du Code, la pro-

---

il a vendu, pour en déduire son droit de saisie : avant qu'il ait saisi, lorsque l'objet ne lui est encore attribué en aucune manière, la relation de vente ne le touche nullement : ni la vente, ni la date de la vente ne doivent être prouvées contre lui. C'est seulement lorsque deux relations opposées se sont formées sur le même objet, qu'il y a intérêt à savoir laquelle est formée la première ; il faut constater le moment de la formation entre les tiers dont il s'agit ; il faut *prouver la date*. La saisie est-elle antérieure à la vente, ou la vente est-elle antérieure à la saisie ? Je le répète, on n'établit point la convention, l'intérêt et la nécessité ne portent que sur *la date*. Les deux relations en elles-mêmes ne se touchent point ; ce n'est pas sur elles que porte la preuve, puisque la preuve n'est requise que lorsque les relations sont formées.

priété, étant définitivement transférée par le
seul consentement des parties contractantes,
encore que la tradition de la chose n'ait pas
été faite, l'ancien propriétaire ne peut, après
la perfection du contrat de vente, vendre un
bien, ni transférer des droits qui ne lui appartiennent plus. La vente sous seing-privé ne
diffère point en ceci de l'acte authentique : car
la loi permet de vendre *par acte authentique
ou par acte sous seing-privé* (1582). L'une
et l'autre ventes ont la même force ; elles produisent le même effet. Le vendeur, par acte
sous seing-privé, n'est pas moins dépouillé de
la propriété, que le vendeur par acte authentique. Il ne peut pas plus vendre, une seconde
fois, l'immeuble qu'il a déjà vendu : ce serait
une vente de la chose d'autrui, déclarée nulle
par l'article 1599.

Vainement Secundus opposerait à Primus
l'art. 1328, qui porte que les actes sous seing-
privé n'ont de date *contre les tiers* que du
jour de l'enregistrement, etc.

Primus répondrait, avec avantage, que les
acquéreurs ne sont point *des tiers* respective-
ment au vendeur qui a souscrit deux actes de
vente ; ils sont ses *ayant-cause* : c'est un point
démontré. Il faut donc leur appliquer la disposition de l'art. 1322, qui porte que l'acte sous
seing-privé, reconnu, ou légalement tenu pour

reconnu, a la même foi qu'un acte authentique ,
entre ceux qui l'ont souscrit *et leurs ayant-
cause »*..... (1).

Tout repose, comme l'on voit, sur le rapprochement des art. 1322-1328, sur ce que
l'on ne peut être à-la-fois *ayant-cause* dans
l'art. 1322, *tiers* dans l'art. 1328. Un ayant-
cause n'est pas un tiers ; or, les actes font foi
contre les ayant-cause : conséquemment la date
est assurée contr'eux : telle est l'argumentation
dans son entier.

M. Merlin reconnaît , avec M. Toullier, que
l'art. 1328 impose la foi de la date aux ayant-
cause de l'art. 1322 ; que les tiers auxquels la
date n'est pas opposable , sont les personnes
autres que celles comprises sous la dénomina-
tion *d'héritiers ou ayant-cause*, dans cet art.
1322. Mais M. Merlin a cherché à limiter le
nombre des ayant-cause. Le premier octobre ,
A vend un immeuble à *B*, par acte sous seing-
privé. Le 15 du même mois, *B* revend le même
immeuble à *D* , aussi par acte sous seing-privé.
Enfin le premier novembre suivant , *B* revend
une seconde fois à *C* le même immeuble qu'il
avait acquis de *A* ; et cette dernière vente est

____

(1) *Voyez* M. Toullier, tom. VII et X, pag. 374 et
suiv. 117 et suiv.

faite par acte authentique. *D* pourra-t il opposer à *C* la date de son acte sous seing-privé ?
sont-ils des ayant-cause par rapport à leur vendeur commun.

Cela ne peut souffrir aucune difficulté, suivant M. Toullier, parce qu'ils ont tous deux
acheté de *B*, qu'ils sont tous deux à ses droits;
voici la réponse que l'auteur du *Répertoire* met
dans la bouche de *C.* « (1) Vous vous méprenez
étrangement sur le sens de cet art. 1322; il
suppose un acte sous seing-privé, fait entre
deux personnes, tel qu'est, dans notre espéce,
celui du premier octobre, par lequel *B* a acquis de *A* l'immeuble que vous réclamez : et
que dit-il au sujet de cet acte ?... qu'il fait foi,
non seulement contre *A* aussi bien que contre
B, non seulement contre les héritiers de l'un et
de l'autre, mais encore contre leurs ayant-cause
respectifs. Il dit donc, et rien de plus, que l'acte
du premier octobre fait foi contre moi aussi
bien que contre vous, tant de sa date que de
tout son contenu; et cela doit être ainsi. Cet
acte étant le titre de la propriété de *B*, notre
vendeur commun, il faut bien que, pour établir
qu'il a eu le droit de m'en transférer l'effet, je

---

(1) *Voy.* le *Répert.* au mot *acte sous seing-privé*, et
les *Quest. de droit* au mot *tiers*, parag. IIe.

le reconnaisse comme vous. Quel rapport y a-
t-il entre la foi que nous devons à ce premier
acte, à cet acte fondamental de mon droit et
de votre prétention ; et la foi qu'il vous plaît
d'attribuer, contre moi, à l'acte particulier
par lequel vous prétendez avoir acheté avant
moi, de *B*, la propriété vendue par *A*. »

» Vainement, pour m'opposer cet acte particulier, vous prévalez-vous des termes subsé-
quens du même article, entre leurs *héritiers
et ayant-cause ;* ces termes ne peuvent pas être
séparés des précédens : ils se réfèrent donc,
comme ceux-ci, à un autre acte primitif, qui
forme le titre commun des ayant - cause de
ceux qui l'ont souscrit ; ils se réfèrent donc
réellement à un acte postérieur et spécial
de l'un des *ayant-cause* ; ils ne peuvent donc
pas s'appliquer à l'acte de vente que vous me
présentez, sous la date du 15 octobre. Cet acte
vous constitue bien l'ayant-cause de *B*, mais
il n'est rien pour moi. Je suis, quant à cet acte,
ce que l'art. 1328 appelle un tiers ; je ne suis
donc point tenu d'en reconnaître la date. »

En dernière analyse, un individu n'aurait
jamais deux ayant-cause par rapport au même
objet ; *C* et *D* seraient les ayant-cause de *B*, et
pourtant ils cesseraient d'être ses *ayant-cause,*
s'ils s'éloignaient du contrat primitif consenti

1 Qu'est-ce qu'un individu qui serait tout-

à-la-fois dans la même position , ayant-cause et non-ayant-cause ? Un ayant-cause est celui que l'on investit d'un droit ; ce seul fait qu'on lui a transmis un droit, à quelque titre que ce soit, lui imprime le caractère irrévocable *d'ayant-cause* ; *C* et *D* sont donc les *ayant-cause* de *B*. La restriction que l'on veut apporter à l'art. 1322 n'apparaît nullement dans ce texte ; l'acte fait foi contre toute espèce *d'ayant-cause*, aussi bien contre ceux qui prennent leurs droits dans un même contrat, que contre ceux qui les prennent dans des contrats différens. L'acte fait foi entre les contractans , et tous ceux qui arrivent aux droits de chacun d'eux. Au reste , je ne pourrais rien ajouter à la réfutation victorieuse que M. Toullier a faite de cette interprétation forcée et contradictoire de l'art. 1322.

Si l'art. 1328 doit être entendu par l'art. 1322 , le système de M. Toullier est inattaquable ; il a répondu à tout ; je dirais avec lui qu'il n'y a « rien de plus vicieux que cette manière de » raisonner par les inconvéniens de tel ou tel » principe. » (1) Si l'on objectait les fraudes

---

(1) Il est pourtant des jurisconsultes , MM. Duranton et autres , qui se sont renfermés dans l'allégation de ces inconvéniens, pour soutenir que l'art. 1328 comprenait dans *ses tiers* l'ayant-cause de l'art. 1322. On ne peut

et les antidates qui, résulteront du triomphe de
la vente sous seing-privé sur la vente authentique; et, si l'on voulait changer violemment la
signification d'un mot, pour échafauder une
doctrine, si l'on posait comme une chose reconnue, que *les ayant-cause* ne sont jamais que
des *ayant-cause à titre universel*; quand les
siècles et les auteurs déposent unanimement
du contraire, quand la langue et tous les traités
enseignent qu'un *ayant-cause* est un *ayant-
cause* à titre universel, ou à titre singulier, je
n'oserais pas répondre à M. Ducaurroy; mais
M. Toullier lui répondrait : « que M. Ducaurroy consulte encore les recueils intermédiaires
de jurisprudence *par alphabet*, et enfin le
dernier de tous, mais le plus consulté, parce
qu'il a pour auteur un jurisconsulte aussi cé-
lèbre chez l'étranger qu'en France, le *Répertoire* : il y lira.... Il est vraiment à regretter que
ce jeune professeur, qui donne des espérances,
avant d'écrire sa dissertation, n'ait pas lu celle
de M. Merlin, ni aucun de nos recueils de
jurisprudence..... »

---

pas considérer ces auteurs comme ayant une doctrine à
part; ils professent dans la réalité le système de M. Toullier ; mais ils le professent, abstraction faite des conséquences rigoureuses et des mots inutiles.

Le point capital de la discussion est donc d'écarter cette corrélation que l'on a sans cesse établie entre l'art. 1322, et l'art. 1328. On sent tout le parti que je pourrais tirer (1) du point précédemment établi, que les *actes ne font pas foi contre les tiers*, ou plutôt qu'ils ne font foi qu'entre les *parties contractantes, leurs héritiers ou ayant-cause*. L'art. 1322 n'aurait point entendu parler de *tiers ;* il ne porterait que sur les personnes qui y sont formellement mentionnées, d'où il suit qu'il n'y aurait rien à induire de cet art. 1322, pour désigner les *tiers* de l'art. 1328. L'art. 1322 ne reconnaît point de tiers ; il ne pose nullement la démarcation entre ceux qui sont tiers et ceux qui ne le sont pas ; on ne transporterait point cette démarcation dans l'art. 1328 qui parle de *tiers*, pour reconnaître quelles sont les personnes autres que ces *tiers*. Mais, dans l'hypothèse de la *foi des actes contre les tiers*,

---

(1) Que l'on remarque du moins une chose assez singulière, c'est que l'art. 1328 si général et si rigoureux dans ses termes, renfermant une disposition si grave et si importante dans l'économie de la loi ; cet art. 1328 se réduirait à une application à deux ou trois cas, qui se présenteraient encore fort rarement. On aperçoit que nous voulons parler des cas mentionnés plus haut, où un débat s'établit entre des tiers, sur la preuve de la date d'un acte.

il y a quelque chose de spécieux à dire; les tiers de l'art. 1322 ne sont pas des ayant-cause, les tiers de l'art. 1328 ne doivent pas l'être davantage.

Cependant, je prends la question dans toute sa généralité, telle qu'elle est aujourd'hui débattue. Et d'abord il n'y a aucune correspondance entre ces art. 1322-1328; ils sont complétement étrangers l'un à l'autre; ils statuent sur des objets différens : l'art. 1322 porte sur la foi due à la convention; il prescrit entre quelles personnes *cette foi de la convention en elle-même* devra être observée. L'art. 1328 porte sur la date de cette convention, ou, plus exactement, sur la date de la forme probante : cette date est en effet une partie de l'acte, une partie de *l'instrument* destiné à prouver le fait unique de la convention. La date de l'acte est réputée la date de la convention ; mais cette date reste parfaitement distincte de la convention, elle n'entre point dans l'art. 1322; c'est l'art. 1328 qui la régit.

La différence, une fois bien reconnue entre les objets réglés par les art. 1322-1328, il n'est plus nécessaire de rapprocher leurs termes, ni de les faire concorder. Sans aucun doute, lorsque l'on est dans le même ordre de relation, les ayant-cause ne peuvent pas devenir subitement des tiers; les ayant-cause que l'on oppose aux tiers dans l'art. 1322 ne se confondront pas avec eux dans l'art. 1328 : il faut supposer gratuitement une contradiction à la loi, pour donner à une même locution deux sens différens. Il est certain que sur la *foi des conventions faites par les actes*, on a toujours distingué et opposé l'un à l'autre, *le tiers* et *l'ayant-cause* : c'est ainsi que Dumoulin et Pothier parlent de ces *personnes*, et c'est dans les ouvrages de ces jurisconsultes que les rédacteurs du Code ont puisé leurs expressions. Mais la force de cet argument est impuissante contre un ordre de choses séparé des conventions. Ni l'autorité des grands jurisconsultes, ni même l'usage des mots ne réclament alors. On conçoit que, dans telle nature de relation, une personne devienne *tiers*, quoique l'on doive la qualifier d'*ayant-cause* dans telle autre nature de relation.

Que l'on n'oppose donc plus l'art. 1322, ses tiers ni ses ayant-cause, pour violenter le sens de l'art. 1328; ces deux textes régissent des choses diverses. Chacun doit être interprété dans la sphère qui lui est propre. La date de l'acte appartient à cet acte, comme instrument, et l'instrument lui-même ne se constate pas, il s'impose. Comment prouver une forme probante? cependant la *date*, devant réaliser la date de la convention, et cessant, sous ce rapport d'être un fait matériel, cette date avait besoin d'être assurée. La nécessité de formes nouvelles et spéciales a été sentie et reconnue; l'art. 1328 les a instituées.

Mais ces formes ne sont point appliquées aux parties contractantes; pour elles, l'instrument reste tel qu'il est, brut et sans preuve : on ne conçoit pas la preuve d'un acte par cet acte. La date n'est donc pas constatée entre ces parties contractantes. Il n'était pas besoin qu'elle le fût; l'acte s'impose par sa propre valeur; ces parties ont écrit ou laissé écrire la date : comment pourraient-elles la contester? Ce qu'il importe de fixer, c'est que, là où les formes de l'art. 1328 n'ont point été observées, là où il y a un acte daté purement et simplement; là, il n'y a point date constatée : l'acte ne peut pas faire foi de l'acte.

Si les parties ne sont point recevables à attaquer l'insertion d'une date quelconque, un fait tout individuel, tout inhérent à leur personne, s'y oppose. Ce fait n'est pas transmissible; il perd son caractère, il s'évanouit, si vous le placez sur la tête d'un individu qui n'est pas *la personne*. Les contractans ont participé à la date consignée; nulle plainte personnelle n'est possible : c'est là qu'il faut s'rrêter. La pensée la plus subtile n'imaginera pas même un *ayant-cause*, tel que celui de l'art. 1322, dans les rapports de ce fait inhérent *à la personne des parties* ; ce fait n'a d'existence légale que pour la partie en *personne*. L'ayant-cause représente-t-il cette *personne* ? Il ne représente qu'une portion d'existence civile ; il est seulement à quelques droits.

Pour tout individu, la date n'étant constatée que par les formes de l'art. 1328, il faut néœessairement que tout individu justifie de ces formes pour argumenter d'une date. Ainsi le veut la nature de la relation. L'ayant-cause n'est pas excepté ; les parties elles-mêmes ne le sont pas ; seulement le débat ne s'élevera jamais entre elles : rien n'est attaquable, si rien n'est prouvé. Pour l'ayant-cause, il est rigoureux de dire que l'acte n'ajoute rien à l'acte ; que la date ne repose sur rien : s'il la veut imposer, il la doit établir. L'art. 1328 ne parle que des *tiers* ; mais quels sont ces *tiers ?* L'ayant-cause de l'art. 1322 est ici un *tiers* par la force des choses ; il n'est pas *la personne* de la partie contractante, et il n'y a que cette personne qui ne soit pas assujettie aux formes de l'art. 1328. Si cette personne seule est dans une catégorie particulière, si cette position n'est pas transmissible, le caractère de l'*ayant-cause* est impossible à réaliser ; l'acquéreur ne sera jamais acquéreur du *fait personnel :* sur ce point, il sera un *tiers*, et l'art. 1328 le régit forcément.

L'héritier ou successeur, en tant que personne autre que celle du défunt, serait aussi un *tiers ;* mais, comme la succession se personnalise en lui, comme il continue la personne du défunt, il n'y a réellement aucune différence entre cet héritier et la partie contractante ; *le fait non transmissible* demeure toujours attaché à la même personne ; il n'est pas transporté sur la tête d'un autre individu, il conserve donc sa nature. Ainsi, la fin de non-recevoir personnelle, qui s'élevait contre les parties qui auraient voulu attaquer la date, s'élèvera par suite contre leurs héritiers. Le principe rigoureux, que la date n'est point constatée sans les formes spéciales de l'art. 1328, cède ici à des considérations toutes personnelles : pour qu'il cédât aussi envers l'ayant-cause, il faudrait que sa position fût absolument identique, et cette identité n'est pas même concevable. C'est une véritable dispense de preuve accordée aux parties, c'est l'exception la plus exorbitante. Est-il bien difficile de penser que cette exception n'ait pas été étendue à l'*ayant-cause ?*

Sur tout autre terrein, en effet, que celui de la *preuve des conventions*, que signifie ce mot *tiers ?* Quelle est la valeur propre de cette expression ? Un tiers n'est-il pas exactement une troisième personne, un individu qui est autre que les deux personnes dont il s'agit, qui ne

représente ni l'un ni l'autre d'entre elles ? Et
l'ayant-cause de l'art. 1322 est alors évidemment un tiers. Pourquoi le législateur n'eût-il
pas ainsi entendu cette locution ? pourquoi le
voir scrupuleusement soumis à des règles étrangères et inapplicables ? Comment dénier à la
loi le pouvoir d'employer un mot dans le sens
consacré et fixé grammaticalement ? Que l'on
respecte l'usage, et un emploi spécial de ce
mot , je le veux avec M. Toullier ; mais, est-il
possible de vouloir que le sens particulier détruise le sens général, et l'exception prévaudra-
t-elle contre la règle ?

Enfin, il est un ordre de choses où M. Toullier
sera forcé de reconnaître que les *ayant-cause*
deviennent *des tiers ;* l'art. 1321 en a une disposition matérielle , et , pour ce changement,
on ne le conteste pas. L'acquéreur qui déclare ,
par une contre-lettre , n'avoir point réellement
acquis, ou qui s'oblige à rendre la propriété au
gré du vendeur ; cet acquéreur, dis-je, pourra
vendre le domaine qui ne lui appartient pas ;
celui qui l'achètera sera bien son ayant-cause,
et pourtant la contre-lettre n'a point d'effet
contre lui. L'acquéreur primitif s'est obligé à
rendre , et cette obligation ne passe point à
son *ayant-cause :* à cet égard , l'ayant-cause
est un *tiers ,* et c'est ainsi que le dénomme
l'art. 1321. Dans la sphère *des contre-lettres ,*

il n'y a donc nulle distinction possible entre l'*ayant-cause* et le *tiers ;* tous ceux qui ne sont pas *la personne* , sont nécessairement des *tiers*.

On en sent la raison ; il y a , dans la contre-lettre , un engagement entre les parties , sa nature mystérieuse la rend un fait tout personnel, elle reste dans la bonne foi individuelle des contractans. L'obligation de rendre est inhérente à la *personne* elle-même , et , par conséquent, elle n'est point transmissible , on ne peut concevoir un *ayant-cause ;* de même que , tout-à-l'heure , la fin de *non-recevoir* contre la réalité d'une date ne passait point à l'acquéreur , et que les ayant-cause se confondaient avec les tiers par la nature de cette relation.

Ainsi , il demeure parfaitement démontré que les art. 1319 et 1322 ne fournissent pas un type infaillible pour distinguer toujours quelles personnes sont des tiers ; et , cette infaillibilité perdue , le système de M. Toullier reste sans apppui L'art. 1328 doit être interprété isolément des art. 1319 et 1322; et cette interprétation comprend les *ayant-cause* des acquéreurs , donataires........ parmi les personnes auxquelles la date de l'acte sous seing-privé n'est pas opposable.

ART. 1322.—1323.—1324.—1341.—1347.

—

LA forme probante des actes était instituée par les art. 1319 - 1322 ; il fallait déterminer les faits qui devraient revêtir cette forme probante , c'est l'objet de l'art. 1341. Une circonstance spéciale exigeait que l'on modifiât cette règle absolue de *prouver par témoins* ou *par acte ;* l'art. 1347 a consacré une modification : un fait vraisemblable , d'après un acte , pourra être établi sous la forme testimoniale. Mais un acte sous seing-privé a besoin d'être vérifié pour constater ; l'art. 1324 y a pourvu. Ici commence la difficulté ; cette *vérification* a été confondue avec la preuve testimoniale, considérée comme supplément de la forme littérale. On a vu un commencement de preuve par écrit dans un acte probant et non reconnu ; on a imaginé une vérification , pour un acte qui ne produisait que la vraisemblance de la convention.

La loi s'était pourtant assez clairement expliquée ; la vérification ne porte que sur un fait matériel, sur l'acte comme forme brute. La question se réduit à savoir si l'écriture est celle du contractant, ou ne touche pas la convention elle-même. Lorsque l'écriture est reconnue pour être celle du contractant, la convention est établie ; mais elle l'est par les art. 1319-1322, par la force des actes, elle ne l'est point par la vérification ; encore une fois, elle n'a pas été un seul instant dans le débat ; elle est restée en-dehors de l'art. 1324.

La prohibition de la preuve testimoniale n'a reçu aucune atteinte, ou plutôt, l'atteinte reçue est dans la nature même des actes sous seing-privé. Cette forme littérale ne peut jamais, par elle-même, établir qu'elle appartient à tel ou tel individu ; nécessité de vérifier l'écriture : le résultat infaillible est la preuve de la convention. Lorsque l'acte invoqué ne produit qu'une vraisemblance, en le supposant reconnu, pourquoi en ordonner la vérification, s'il est dénié ? Dans le premier cas d'un acte probant, cette vérification participe de la nature de l'acte, elle est un supplément essentiel ; si le contractant a écrit, il est obligé, il doit être condamné dans le second cas d'une vraisemblance, l'acte peut être de l'écriture du contractant, la convention n'être jamais prouvée, et ce dernier n'être jamais condamné : il faut abandonner

l'acte comme fait matériel, il faut toucher le
fond de la convention, et dépasser ainsi les
limites de l'art. 1324. La vérification ne vient
plus accomplir une forme probante, elle ne
promet plus un résultat infaillible, c'est prouver
par témoins contre la défense de l'art. 1341.

La disposition qui ordonne de vérifier est
placée immédiatement après les textes qui organisent la preuve littérale, elle fait partie de
cette organisation; comment pourrait-elle s'appliquer à une hypothèse où il ne s'agit plus de
preuve littérale ? Complément d'une forme,
la vérification peut-elle exister où cette forme
n'est pas complétée, où une autre forme est
employée ? En d'autres termes, on ne conçoit
pas que l'on vérifie un commencement de preuve
par écrit; quand la preuve n'est que commencée,
il faut l'achever et non la vérifier. Cependant,
M. Toullier enseigne (1) que tous les actes doivent
être vérifiés, quoiqu'ils ne fassent point preuve

----

(1) Voyez tome IX du *Traité du Droit français*,
pages 91, 92, 93 et suivans.

On pourrait se méprendre sur divers points du système
de M. Toullier, si l'on se bornait à lire quelques pages;
il est plusieurs paragraphes où l'auteur spécialise tellement les déductions, qu'elles deviennent inattaquables;
mais elles n'acquièrent cette force qu'en sortant de la
généralité de sa doctrine.

entière , quand même ils ne seraient pas signés
des parties , quand l'écriture reconnue n'en-
traînerait point la preuve de la convention ;
toute écriture lui a paru être à-la-fois et un
commencement de preuve , et un droit à la
vérification.

La confusion est trop palpable ; un acte dénié ne commence pas même à prouver, il ne
rend pas un fait vraisemblable ; seulement l'article 1324 permet de demander la vérification
de l'écriture ; la personne à laquelle on oppose
l'acte est tenue d'avouer ou de désavouer. Quelle
vraisemblance peut résulter d'une forme que
je déclare m'être étrangère ? Comment voir une
demi-preuve contre moi, dans un écrit que je
soutiens être faux et fabriqué pour la demande ?
Les deux positions sont donc en tout point différentes ; là où l'on n'oppose qu'un acte , il n'y
a pas commencement de preuve ; là où l'on
présente un commencement de preuve, il n'y
a pas de vérification à espérer.

Cette confusion vient de l'ordonnance de
Moulins , et du droit antérieur qu'elle ne mo-
difia que sur un point ; aussi, M. Toullier les
invoque-t-il à chaque pas , aussi les prend-il
pour le fondement de sa doctrine. Avant cette
ordonnance , les actes n'étaient point une forme
probante , s'ils n'étaient que sous seing-privé ;
si des témoins ne venaient pas déposer de la

convention, renfermée dans un acte de cette
nature, la preuve n'était pas faite, la vérification elle-même n'eût pas été admissible ; tout
se constatait encore par la forme testimoniale
ou par officiers publics. Bouteillier, qui vivait
sur la fin du treizième et au commencement
du quatorzième siècle, dit, dans sa *Somme
rurale*, tit. CVI : « Lettres qui ne sont faictes
» par-devant juge qui ayt auctorité de ce faire,
» ou par notaire, ou par tabellions publics, ne
» sont à recevoir en forme de preuve, qui
» vaille pleine preuve, si autres tesmoings n'y
» a avec, ne serait comptée que pour memoire
» de tesmoings recorder sur ce : et faudrait
» que les tesmoings déposassent sur la tenance
» d'icelles. »

Dans cet état de choses, arriva l'ordonnance
de Moulins, qui voulut poser une limite au dé-
bordement des enquêtes et à la facilité des
témoins ; elle ne changea pas la nature des actes,
ils ne furent toujours comptés que pour *mémoire de tesmoings recorder sur ce* (1). Mais
un acte quelconque dût exister, pour qu'une
convention au-dessus de cent livres pût être
prouvée par témoins ; aucune qualité, aucun
fait spécial ne sont exigés dans cet écrit ; seule-

____

(1) On entend qu'il n'est question que des actes sous
seing privé.

ment un écrit est nécessaire, quel qu'il soit. On conçoit alors qu'un acte non reconnu fît admettre la preuve testimoniale de la convention ; que des témoins fussent reçus à déposer sur le contrat en lui-même, et sur la forme probante qui ne le rendait que vraisemblable ; aussitôt qu'il existait une écriture, la convention s'établissait par tous les moyens possibles. Cette écriture n'avait aucun caractère déterminé ; elle n'emportait pas le droit de vérification, tel que le produit l'art. 1324, et cependant on déposait sur l'identité de l'écriture : elle ne formait pas un commencement de preuve, tel que le comprend l'art. 1347, et la forme testimoniale constatait le fond de la convention, ce qu'elle n'aurait pu faire sans l'existence préalable de l'écriture.

Cet ordre d'idées a été transporté dans le Code qui a posé des principes différens, [et imprimé aux actes une toute autre nature : la preuve testimoniale a semblé naturellement s'appliquer au commencement de preuve non vérifié, et au commencement de preuve vérifié, comme cela était avant et sous l'ordonnance de Moulins. Mais, quelles expressions plus formelles pouvait employer le législateur, que celles de l'art. 1347 ? « On appelle *commencement de preuve par écrit* tout acte par écrit » qui est émané de celui contre lequel la de-

» mande est formée. » Si l'écriture n'était pas reconnue, on ne devrait pas dire que *l'acte est émané*, et la preuve testimoniale ne serait pas admissible : la question précisément serait de savoir à qui appartient l'acte ; une écriture privée ne constate pas qu'elle soit de tel ou tel.

La condition essentielle du commencement de preuve par écrit est donc que l'écriture soit reconnue ; *vérifications d'un commencement de preuve par écrit* sont des termes que l'on peut accoler dans une phrase, mais qui se repoussent forcément. Si l'on admet la forme testimoniale de la convention, *sans un acte par écrit émané* de la personne, on contrevient à l'art. 1347 ; des témoins sont entendus sans la condition imposée à leurs dépositions. Le contrat se prouvera illégalement par la force des témoignages ; tandis qu'il devrait se prouver par actes, ou du moins qu'il faudrait le rendre *vraisemblable* par ce dernier mode avant de recourir aux témoins. En vain, dirait-on que le commencement de preuve par écrit sera vérifié avant que la forme orale s'impose à la convention ; que, jusqu'à cette vérification, on n'a constaté que la forme littérale, sans toucher la convention elle-même ; qu'ainsi, l'on ne porte pas atteinte à la défense de prouver par témoins au-dessus de cent cinquante francs.

Il est clair qu'établir l'identité d'écriture, c'est concourir à prouver la convention ; et, qu'en l'établissant par témoins , la force des témoignages s'impose à la convention , avant l'existence d'un acte reconnu, que l'on puisse dire *émané* de la personne contre laquelle on réclame : il est clair par là même que l'on viole l'art. 1347 , et que l'on méprise la prohibition des enquêtes. Peu importe que , pour un acte qui doit prouver complétement l'obligation , on ait permis de vérifier par témoins ; l'art. 1324 ne peut être entendu que dans ses termes, et il n'a trait qu'à la forme littérale , aux faits qui sont établis entièrement par cette forme. L'article 1347 , surtout, défend positivement d'entendre des témoins, d'admettre la preuve testimoniale d'une convention, de quelque manière que l'on déguise cette preuve , si déjà il n'existe un acte *reconnu*, *émané* de la personne. Et , d'ailleurs, supposons même la vérification par témoins ; on aura encore méconnu les termes de l'art. 1347. Car , la *vraisemblance* n'existant qu'après cette *vérification*, ce ne sera pas l'acte par écrit qui aura rendu ce *fait vraisemblable ;* les témoins auront fondé ce commencement de preuve. Les témoignages sur la convention seront reçus , sans que la *vraisemblance* résulte d'un acte par écrit. Cet acte n'établit jamais rien par lui-même, s'il est contesté, si l'on en est réduit à le vérifier : reconnu, il fait foi de ce qu'il contient, et cela souvent rend une convention *vraisemblable*.

L'art. 323 du Code civil prouve, jusqu'à la dernière évidence, que le commencement de preuve par écrit, en lui-même, doit être quelque chose de fixe et de positif ; en matière de filiation, la forme orale n'est admise que lorsqu'il existe « un commencement de preuve par écrit, » ou lorsque les présomptions ou indices, *dès-* » *lors constans*, sont assez graves pour déter- » miner l'admission. » Sans doute, le caractère que l'on exige dans des indices, on l'exige dans l'acte par écrit, il est nécessaire que le fait de vraisemblance soit *dès-lors constant*. Si l'on n'a pas étendu la même disposition à la matière des preuves en général, c'est que l'on a craint de n'opposer qu'une trop faible digue ; on a voulu restreindre plus sévèrement encore la faculté de constater par témoins. La discussion du conseil d'Etat ne laisse aucun doute sur ce point, que l'on ait eu l'intention d'une moindre rigueur, à l'égard des enfans dépouillés de leur état légitime ; et pourtant, si, en matière d'obligation, on produit des témoins avant la reconnaissance de l'écriture ; il n'y a pas de *fait dès-lors constant*, renfermé dans un écrit, il n'y a rien même de positif et d'avoué préalablement à l'enquête : tous les termes de la loi sont froissés, tous les vœux du législateur sont foulés et détruits.

Si l'art. 1347 permettait d'opposer un acte dénié comme commencement de preuve, il y aurait, dans son texte, une singulière largeur. Que l'acte en effet ne soit pas reconnu, la convention n'est pas prouvée, il n'y a qu'un commencement de preuve ; qu'il soit reconnu, la convention n'est pas davantage établie, il n'y a encore qu'un commencement de preuve, qu'il est permis de compléter par la preuve testimoniale. Dans ces deux cas, il y aurait toujours une vraisemblance ; que l'on avoue ou que l'on méconnaisse un écrit, la vérité pénètre également, des témoins sont toujours admissibles, une pareille identité présente au moins quelque chose d'étrange et de bizarre ; et l'on peut s'étonner d'une légalité qui reconnaît un lien si intime entre deux positions si incompatibles.

On a parlé de l'art. 211 du Code de procédure, qui porte : « Pourront être entendus » comme témoins ceux qui auront vu écrire » et signer l'écrit en question, ou qui auront » connaissance de faits pouvant servir à dé- » couvrir la vérité. » On a dit que les témoins étaient entendus sur le fond même de la convention, que leurs dépositions ne se concentraient pas dans la forme matérielle de l'acte, puisque l'on écoutait tous faits *pouvant servir à découvrir la vérité.* Que l'on veuille lire, avant de rien conclure, les art. 193-195 ; que veut le titre X du livre II du Code de procédure , où se trouvent les art. 193 , 195 et 211 ? Le titre X est entièrement consacré à la vérification des écritures ; toutes les dispositions organisent les moyens de vérifier ; une grande latitude était nécessaire au magistrat, et cette latitude lui est accordée par l'art. 211 : une multitude de faits peuvent l'éclairer sur l'identité de l'écriture, sans que ces faits soient exclusivement relatifs à cette écriture , *tous les faits* alors seront scrupuleusement recueillis: Mais , observez la sphère de constatation qu'il s'agit de remplir ; cette sphère est déterminée par les art. 193-195 : il s'agit d'accomplir une vérification d'écriture.

Ainsi, l'on ne trouve point le fait de la convention en elle-même, lorsqu'il n'existe qu'un acte méconnu ; cet acte ne devient, sous aucun rapport, un commencement de preuve par écrit. Il y a plus, l'art. 1347 n'exprime pas même l'idée d'un *acte*, en tant que *forme probante ;* autrement les actes tronqués et irréguliers ne suffiraient pas pour le commencement de preuve, et M. Toullier serait le premier à s'élever contre ce résultat ; je n'en veux pour garant que sa dissertation si pleine de choses si fortes de principes, où il établit, contre plusieurs jurisconsultes et contre Aufray-Duranton, que *l'omission de la mention des doubles*, dans les contrats syñallagmatiques, n'empéche pas que l'acte ne serve à un commencement de preuve. Si, d'ailleurs, le mot *acte* de l'art. 1347 signifiait une *forme maté·rielle*, qu'entendre par cette locution, *acte par écrit*? Comment trouver un sens dans la loi?

C'est un fait relatif à l'engagement lui-même, un fait qui rend *vraisemblable* l'existence de la convention, qu'exige l'art. 1347; tandis que l'art. 1324 ne parle que d'une forme brute et matérielle : est-il encore possible de confondre ces deux textes? Il est vrai seulement, pour le premier, que le fait doit être consigné dans un écrit; et c'est ici que se révèle toute la pensée du législateur. On ne s'arrête pas à telle ou telle condition de l'écrit, peu importe ce qu'il sera, il n'est plus considéré que comme objet secondaire; qu'il soit reconnu que l'assentiment de la partie s'incorpore à cette forme, quelqu'irrégulière qu'elle soit, il n'en faut pas davantage. L'objet essentiel de la loi, c'est que, dans cette écriture, telle quelle, il existe un fait de vraisemblance, un fait relatif au fond de l'obligation. Et, encore une fois, l'art. 1324 ne porte que sur la forme du contrat.

Enfin, l'art. 1347 ne fait point partie de la

preuve littérale, il est sous la section deuxième *preuve testimoniale :* et si les art. 1322-1323 et suivans ont organisé, d'une manière séparée et complète, la forme littérale; les art. 1341-1342 et suivans ont institué avec la même rigueur la forme testimoniale. Qu'on le remarque surtout; l'art. 1347 est une exception, et il est nécessaire de restreindre sévèrement ses termes : il faut la certitude que l'*acte par écrit soit émané de celui contre lequel la demande est formée,* pour que des témoins puissent être entendus. En vain alléguerait-on que la permission de recevoir la preuve testimoniale, après un commencement de preuve par écrit, n'est pas une dérogation à un principe; que la loi, au contraire, veut faire rentrer dans la règle générale les cas où il existe un *fait vraisemblable* dans une écriture quelconque. Qu'importerait que la forme testimoniale fût le principe ou l'exception? Supposons que les *actes* ne soient qu'une preuve exceptionnelle; cette exception embrasse, dans sa sphère, les obligations de l'art. 1347. Pour les faire sortir de cette sphère, il faut une dérogation nouvelle, et l'art. 1347 conserve son caractère exceptionnel. Dès-lors, même sévérité dans les termes, même nécessité d'une rigoureuse limitation.

Du reste, la forme testimoniale serait une *règle* bien étrange, puisqu'elle ne comprend qu'un petit nombre de cas, puisque les conventions doivent, presque toutes, se constater par des *actes*. Une exception ne serait pas moins étrange, qui régirait toutes les hypothèses. Que l'on feuillète nos recueils; quels intérêts échappent à la nécessité de la forme littérale? Il est vrai que tous les modes de constatation reposent sur le témoignage des hommes, « qu'ils se réduisent, en dernière analyse, à la » preuve testimoniale; » mais il ne s'agit pas ici de disséquer métaphysiquement des moyens de certitude, il faut les accepter avec leur nature légale, et les juger d'après les textes de loi qui les instituent. La forme littérale et la forme testimoniale sont toutes deux établies par la loi; leur existence est distincte, laquelle de ces formes a prévalu dans l'esprit du code? Les enquêtes ont paru suspectes, ou les a restreintes; les écrits ont semblé plus sûrs, ils ont été étendus à la généralité des relations civiles. Tout peut être constaté par écrit; peu de faits admettent des dispositions pures et simples. N'est-il pas évident que ces deux modes n'occupent point la même place; que la première l'emporte sur l'autre, que ce dernier mode n'est qu'une dispense d'un mode plus certain mais plus difficile.

Telle est l'économie des art. 1324-1347; M. Toullier n'a voulu voir que l'ordonnance

de Moulins, qui n'avait pu établir de *commencement de preuve par écrit*, qui avait laissé
à la forme testimoniale toute son autorité
sous une seule restriction. Il ne faut pas s'étonner si la doctrine de ce jurisconsulte est contraire à la loi, il accuse les rédacteurs de la
loi « de n'avoir pas considéré le commence-
» ment de preuve par écrit sous son véritable
» point de vue, d'avoir mal suivi l'ordonnance de
» Moulins, et d'avoir été dupes des mots? (1) »
Je veux bien me tromper avec le législateur;
l'erreur ici ne serait-elle point raison. M. Toullier, qui a si soigneusement scruté les mots,
se sera peut-être mépris sur les choses. L'article 1324 ne serait alors qu'une vérification d'é-
criture, l'art. 1347 serait une forme probante
des conventions.

---

(1) *Voy.* tom. 9. pag. 95.

ART. 1217—1218—1221—1224—1225.

—

De l'Indivisibilité des Obligations.

L'INDIVISIBILITÉ des obligations est un
des sujets sur lesquels on a le plus ressemblé de
subtiles distinctions, de motifs incohérens, et
de décisions arbitraires. Aussi, le plus grand
jurisconsulte de notre époque, M. Toullier (1),
déclare-t-il solennellement qu'il n'a pu parvenir
encore à comprendre cette matière abstraite.
Quelques savans plus hardis ont voulu pénétrer
et expliquer cette inexplicable indivisibilité :
mais leurs efforts ont été infructueux, et l'essai
de M. Duranton ne me semble pas avoir eu plus
de succès. On croit avoir approfondi les difficultés et établi un système, quand on a répété
un peu plus obscurément les vieilles doctrines
de la jurisprudence, ou paraphrasé les prin-

---

(1) Sur les Obligations individuelles, *voy.* tome 6 de
son *Traité*, pag. 771, 772 et suiv.

cipes des lois romaines et les décisions des commentateurs. M. Duranton (2) a reproduit les doctrines de Dumoulin, répétées déjà par Pothier ; et, comme la matière était sortie inintelligible des mains de ces deux grands jurisconsultes, elle n'est pas devenue plus claire dans celles de M. Duranton. Je crois parfaitement, avec M. Toullier, qu'il est impossible de concilier les textes nombreux et contradictoires que nous ont légués, sur cette matière, et le Droit romain et l'ancienne Législation. Ici, plus que sur tout autre sujet, il faut le circonscrire dans les dispositions formelles du Code civil, il faut abandonner tout ce qui n'est pas un texte des lois nouvelles. Mais, en resserrant ainsi ce vaste champ de discussions et de chicanes, il est possible de présenter un système, qui ne manquera, je l'espère, ni de cohérence ni de clarté.

Les art. 1217 et 1218 semblent d'abord distinguer deux sortes d'obligations indivisibles, l'une et l'autre portant sur des objets différens, composées d'élémens non homogènes : leurs effets seulement auraient été confondus de la manière la plus complète. Quand il existerait réel-

---

(1) *Voyez* tome 2 du *Traité des Contrats*, pag. 326-327 et suiv.

lement deux indivisibilités, ayant chacune leur
nature propre, il serait oiseux d'assigner les
différences de cette double nature, puisque la
loi n'en tient aucun compte, qu'elle place sur
le même rang l'une et l'autre indivisibilité :
l'identité légale de ces deux espèces d'allégation ne serait pas contestable. On ne s'est occupé précisément que de leurs dissemblances,
et l'on ne s'en est occupé que pour leur faire
une nature différente devant la loi. On a dit :
« L'art. 1217 expose la nature des obligations
indivisibles, et l'obligation de l'art. 1218 n'a
point cette nature ; elles ne doivent pas être
soumises à la même règle. » Si l'on voyait l'indivisibilité dans le contrat de l'art. 1218, où
s'arrêterait-on ? Quelle différence y aurait-il
entre l'indivisibilité de cet art. 1218 et la divisibilité de l'art. 1221 (n° 5) ? N'est ce pas con-
tredire l'art. 1217, qui crée une indivisibilité
absolue dans l'art. 1218 ? Les élémens de ces
deux dispositions se repoussent invinciblement :
si une obligation peut être divisée d'une manière quelconque, est-il possible de la ranger
parmi celles que l'on répute indivisibles ?

Qu'importe que l'on aperçoive quelque différence entre les objets des deux obligations ?
L'art. 1218 n'a-t-il pu identifier l'obligation
dont il parle, à celle de l'art. 1217 ? Si, dans
la pensée du législateur, les dissemblances n'ont

mérité aucune considération, si les points communs ont seuls été vus et appréciés, pourquoi
le Code aurait-il laissé une distinction possible? La loi frappe d'indivisibilité les deux obligations des art. 1217-1218; lui déniera-t-on le
droit de les réputer également indivisibles? Ne
serait-il pas absurde de prétendre, qu'après avoir
exposé la nature d'un contrat, on ne puisse
pas imprimer cette nature à un autre contrat,
qui, dans ses élémens, ne serait pas exactement
pareil, on ne puisse pas régir les deux contrats
par les mêmes principes? Eh bien! les articles 1217-1218 s'énoncent sous la forme la plus
positive; « l'obligation est divisible ou indivi-
» sible, selon que... » (art. 1217). « L'obligation
» est *indivisible*, quoique... » (art. 1218). Dans
toutes les autres dispositions sur la matière des
obligations indivisibles, il n'est parlé que des
obligations indivisibles en général; je le répète,
donc l'identité légale est absolue.

Ce n'est pas seulement dans les termes des articles 1217-1218 que les obligations, exprimées
par ces deux textes, deviennent exactement les
mêmes; ce résultat se confirme par l'analyse de
leur nature respective. L'objet de l'obligation,
dans l'art. 1218, est à la vérité divisible sous certains rapports, tandis que l'objet de l'obligation,
dans l'art. 1217, n'est divisible sous aucun, ni
matériellement ni intellectuellement. Il en ré-

sulte bien que les deux objets ne forment pas une obligation également indivisible, si l'un ou l'autre entre tout entier dans l'obligation. Mais s'il n'entrait dans cette obligation que le rapport indivisible de l'objet de l'art. 1218, elle serait aussi indivisible que l'obligation de l'article 1217 : il serait vrai de dire que, dans les deux cas, l'obligation composée d'un fait susceptible de division soit matérielle, soit intellectuelle. Or, la chose, objet de l'obligation de l'art. 1218, n'y èst *considérée que sous le rapport indivisible*, et une chose n'entre véritablement dans une obligation que sous le rapport sous lequel les parties la *considèrent*. Le rapport indivisible est donc seul l'objet de l'obligation dans l'art. 1218 ; il entre seul dans cette obligation ; et s'il y entre seul, il est toute sa nature, indivisible , matériellement et intellectuellement, l'obligation est indivisible comme lui : un contrat est-il autre chose que l'expression fidèle de l'intention des parties ?

Si telle est la nature de l'obligation dans l'art. 1218, on voit qu'elle est absolument celle de l'obligation dans l'art. 1217 ; que l'art. 1218 n'est qu'une conséquence immédiate de cet art. 1217. L'objet dont tous les rapports sont indivisibles, et dont tous les rapports entrent dans l'obligation, ne fait pas une obligation plus indivisible que celle qui ne contient

qu'un seul rapport d'un objet, quand ce rapport est indivisible. On aurait pu faire une
disposition unique, dont les termes plus abs-
traits eussent compris les deux art. 1217-1218,
et l'indivisibilité eût été ainsi définie : « *L'obligation indivisible est celle qui renferme un
objet dont les rapports avec l'obligation ne
sont pas susceptibles d'être divisés.* » Sous ce
mode, un objet eût certainement pu être divisible dans certains rapports, et constituer une
obligation indivisible. On a voulu éviter l'abstraction d'une formule ; et les termes positifs
de l'art. 1218 ont semblé développer, d'une
manière plus explicite, la véritable nature de
l'indivisibilité. On a rédigé deux dispositions,
l'une pour les objets indivisibles sous tous les
rapports, l'autre pour les objets divisibles sous
certains rapports : ne semble-t-il pas que l'on
ait soupçonné l'exclusion que l'on voudrait
établir contre ces derniers objets ? La difficulté
est matériellement résolue, quoiqu'elle fût
déjà décidée dans la profondeur des principes.

Du reste, nos jurisconsultes ne veulent pas
même reconnaître deux espèces d'obligations
indivisibles ; ils séparent bien autrement les
art. 1217-1218. Suivant eux, l'art. 1218, qui
énonce *une obligation indivisible*, ne renferme au fond qu'une obligation *divisible*, dont
la divisibilité recevrait l'exception de l'art. 1221.

Ils ne veulent apercevoir aucune nuance entre les obligations des art. 1218-1221, entre l'indivisibilité et la divisibilité restreinte. Il y a pourtant une différence énoncée entre ces deux espèces de contrats; elle saute aux yeux: et, puisque l'on fait des rapprochemens de mots et de syllabes, pour se récrier sur la similitude des choses, opposons aussi ce genre d'argumens. Dans l'art. 1218, c'est le rapport considéré dans l'obligation, c'est l'essence de cette obligation qui constitue l'indivisibilité, qui rend la chose *non susceptible d'exécution partielle:* dans l'art. 1221, c'est l'*intention des parties* qui fait que la chose ne peut s'*exécuter partiellement*. Dans le premier, l'objet de l'obligation est indivisible; dans le second, *cet objet* n'est pas même indivisible, seulement les obligés n'ont pas le droit de le livrer ou de l'accomplir par parties. Dire qu'une exécution ne pourra être faite sous tel mode, d'après telles ou telles circonstances plus ou moins fortes, est-ce dire que, par sa nature, la chose ne peut être exécutée sous le mode? n'est-ce pas dire, au contraire, que le mode d'exécution prohibé est possible en général, qu'il n'est pas possible sous l'influence de tel ou tel fait spécial? Et si tel est le dire de l'art. 1221, n'est il pas opposé à celui de l'art. 1218 qui est: *que la chose n'est pas susceptible d'exécution partielle?*

Comment confondre les obligations de ces deux textes ?

Abandonnons des mots trop stériles, dont l'opposition apparaît à la simple lecture des art. 1218-1221. Si l'on y réfléchit davantage, si l'on veut embrasser, par la pensée, les divers modes de conventions, ne trouve-t-on pas qu'un contrat, dont l'objet est divisible, peut cependant avoir été consenti dans un tel but, porter sur de tels intérêts; qu'il frappe d'indivisibilité les faits destinés à remplir ce but et ces intérêts? La chose promise reste divisible; les actes, par lesquels la promesse s'accomplit, ne devront plus être divisés; la chose devra être livrée ou faite d'une manière simultanée et complète, quoique la chose elle-même soit indivisible dans l'obligation, quoiqu'elle eût été vue et stipulée dans ses parties. En un mot, on conçoit qu'un objet soit indivisible par sa nature ; on conçoit que des individus veuillent que tel objet , qui n'est pas indivisible, soit livré comme s'il pouvait se diviser. Ce sont deux positions distinctes; ce sont celles des art. 1218 1221.

Et si cette intention des parties influe sur la nature de l'objet, sur la qualité de l'obligation; cet art. 1221 n'entraîne pas seulement la radiation d'un texte formel de l'art. 1218 , il entraîne nécessairement l'abolition de l'art. 1217 ,

et de toutes les dispositions sur les contrats indivisibles. Il n'y aura plus même d'indivisibilité,
il faudra supprimer un chapitre du Code : c'est
aussi le résultat avoué par M. Toullier; et
du moins il est conséquent, il s'adresse à l'autorité législative : ses lumières et sa haute répu-
tation lui donnent ce droit ; mais nous ne
pouvons abandonner ainsi le rôle de *juriste*.
Revenant donc à l'art. 1221 ; si les objets qu'il
comprend sont indivisibles, pourquoi se trou-
vent-ils dans la section des obligations divisibles ? Si les contrats des art. 1218-1221 sont
les mêmes, pourquoi la loi les a-t elle classés
dans deux catégories différentes ? Quel renversement de toutes les idées du législateur ! L'obligation de l'art. 1218 est appelée *indivisible*, et
elle sera divisible ! Elle est placée sous la ru-
brique des obligations indivisibles, et il faudra
la transporter sous celle des obligations divisibles ! N'est-ce pas confondre également toutes
les notions, que faire l'indivisibilité de la divisibilité, ou faire la divisibilité de l'indivisibilité ?
N'est-ce pas une violation flagrante de tous les
textes ?

Ainsi, un premier point est bien établi, c'est
que les obligations des art. 1217 et 1218 sont
également des obligations indivisibles ; et ces
obligations sont parfaitement distinctes des
obligations de l'article 1221, lesquelles s'exé-

cutent seulement d'une manière indivisible.

Avant de constater quelles sont les obligations indivisibles, nous aurions dû peut-être
expliquer l'indivisibilité elle-même. Les jurisconsultes, qui ne l'ont pas sèchement déniée,
l'ont méconnue en grande partie ; rien n'est
exact ni vrai dans ce qui a été dit. Les qualités
premières et essentielles des choses ne se laissent
point pénétrer par une définition quelconque.
Il n'y a qu'à les discerner et à les reconnaître.
On ne peut donc définir métaphysiquement
l'indivisibilité ; mais il est facile d'apercevoir
en quoi elle consiste ; et, pour donner aux
faits plus de précision, prenons la servitude
de passage comme obligation, et voyons comment elle est indivisible. On a été jusqu'à
voir des parties dans cette servitude, tant on
a varié sur le terme primitif d'indivisibilité.
M. Duranton, dans son *Traité des Contrats*, se croit obligé, pour trouver cette servitude indivisible, de la considérer, abstraction
faite de l'objet auquel elle s'applique. Mais
on ne conçoit ni une servitude par parties, ni
une servitude isolée de l'objet sur lequel elle
s'exerce : il faut donc voir, dans la servitude,
un droit sur une chose ; et la considérer par
rapport à cette chose, sous peine d'articuler
un mot vide de sens.

Sans doute, la servitude de passage sera exer-

cée sous telle ou telle forme ; mais , n'allons pas
la confondre avec cette forme. On a le droit de
passer plus ou moins souvent, de passer dans
tel but ou tel autre but, de telle manière ou
de telle autre : ce ne sont là que des modes
d'exercice du droit de passage. Dégagez la servitude de ces faits qui ne lui sont point essentiels ; considérez uniquement le droit de passage. Faut-il un grand effort d'intelligence
pour concevoir que ce droit ne se divise jamais?
Y a-t-il un terme moyen entre *passer* et ne *point
passer* ? La servitude, réduite aux élémens de
sa nature, peut-elle diminuer ou augmenter ?
Si vous retranchez quelque chose de ces élémens, il n'y a plus servitude; vous ne la divisez
pas, vous l'anéantissez : si vous y ajoutez, la
servitude reste, vous ne lui avez donné qu'une
forme plus ou moins étendue.

Dans l'obligation de *faire un voyage à Rome*,
on ne manque pas de dire aussi que l'on est
plus ou moins près de Rome, que l'on y reste
plus ou moins long-temps ; qu'ainsi, l'obligation a réellement des parties. Mais, qu'importe la proximité de Rome ; si vous n'y êtes
pas, l'objet de l'obligation n'a pas commencé
de s'accomplir ; on ne peut pas y être moins
qu'en n'y étant point du tout : où se trouvent
les parties ? Demeurer à Rome plus ou moins
long-temps est une manière d'y être, une

manière d'y faire le voyage prescrit : c'est la forme de l'obligation ; elle ne change en rien cette obligation d'être à Rome.

Quand on observe les servitudes de tout genre, on reconnaît dans chacune un fait immuable, jamais plus grand, jamais plus petit; s'il était susceptible de changer, quelque stipulation nous l'offrirait agrandi ou rappetissé, du moins le concevrait-on dans ces dimensions successives; il apparaît toujours identiqne à lui-même. Que l'on imagine toutes les obligations possibles sur ce fait, et il n'aura point perdu son immuabilité. A ces caractères, on reconnaît l'indivisibilité : ce fait est la servitude dans son essence, c'est le droit réel dans toute sa pureté.

Contre l'indivisibilité ainsi établie, on objecte encore que chacun des co-propriétaires de l'héritage sur lequel les servitudes s'exercent, peut se libérer par son consentement individuel à cet exercice : d'où il suivrait que les servitudes auraient des parties. On suppose évidemment que le copropriétaire, par son aveu, autorise une partie de la servitude, et c'est ce que nous soutenons à ne pas être, c'est ce qui forme la question. Le copropriétaire permet l'exercice de la servitude, telle qu'elle est, et non pas en partie; il est libéré parce que l'on ne peut légitimement lui demander davantage, il n'est point libéré pour *une part*. Reste donc la nature de la servitude, incompatible avec toute idée de partie. Si une relation quelconque cessait d'être indivisible , parce que plusieurs personnes peuvent y entrer , il n'en existerait pas une seule dans le monde dans un ordre de choses quelconque ; ce qui répugne au bon sens le plus vulgaire.

Quant aux auteurs qui ne conçoivent pas (1) le droit réel , abstraction faite de tel acte spécial qui le matérialise , ils nient leur propre intelligence ; et comment parler à des esprits, au-delà des bornes qu'ils se sont imposées ? Je n'ai rien à leur répondre , d'autant mieux que ce point me semble suffisamment éclairci.

Maintenant il faut rechercher les effets de l'indivisibilité , développer l'existence des obligations indivisibles, pénétrer les principes généraux qui les régissent, qui en font une classe particulière d'obligations. Il sera nécessaire de

---

(1) Si l'on opposait la subtilité de ces doctrines , nous répondrions qu'il y a des notions subtiles, comme il y a des notions grossières ; la subtilité ne nuit en rien à la certitude et à la vérité. Dans les sciences exactes il est une foule de notions subtiles, et personne jusqu'ici ne s'est avisé de les contester. En algèbre , par exemple , nous reconnaissons des infinis relatifs : ce qui est non-seulement subtil , mais contraire à toutes les idées reçues, ridicule même pour les personnes qui n'ont pas étudié la science.

montrer ces effets des obligations indivisibles
en présence des effets correspondans, non pas
seulement des obligations divisibles, mais des
obligations divisibles de l'art. 1221. Entre la
divisibilité et l'indivisibilité, l'intervalle est trop
grand; entre l'indivisibilité absolue et l'indivisibilité *restreinte à l'exécution*, les faits se rapprochent ; et l'on ne connaîtra, d'une manière
sûre et précise, toute l'étendue des obligations
des art. 1217-1218, qu'en posant les limites
respectives de ces contrats et de ceux de l'article 1221. En procédant ainsi, il eût été facile de repousser cet amas d'incohérences et
de contradictions; triste héritage des lois romaines et de leurs interprètes.

Si l'obligation indivisible n'est pas susceptible
d'être divisée, on ne conçoit pas quelqu'un débiteur d'une partie de cette obligation ; le débiteur
est donc forcément débiteur de la totalité. S'il
existe plusieurs codébiteurs, chacunde ces co-débiteurs est tenu pour le total; et il en est tenu en
son nom propre, par la seule force de son obligation; il doit la totalité, parce qu'il est impossible
de devoir une partie, sans devoir cette totalité :
par cela seul qu'il doit, sa dette comprend l'objet
tout entier. Ainsi le veut la nature des choses,
ainsi le veulent les art. 1222-1224. « Chacun de
ceux qui ont contracté conjointement une dette
indivisible en est tenu pour le total, encore

que l'obligation n'ait pas été contractée solidairement. » (Art. 1222.) « Chaque héritier du créancier peut exiger en totalité l'exécution de l'o-
bligation indivisible. (Art. 1224.) »

Si le caractère essentiel du débiteur indivisible est de devoir la totalité, ce caractère
peut-il changer ? Ne doit-il pas s'imprimer à
toutes les relations qui naissent de l'obligation
indivisible ? ne doit-il pas se produire à travers
toutes les transformations que peut subir la dette
primitive ? Dire que le débiteur ne doit plus
la totalité, n'est-ce pas dire que la dette est divisible ? n'est-ce pas anéantir l'obligation dans sa
nature ? n'est-ce pas briser une loi imposée au
débiteur ? Et comment détruire jamais une
obligation ? Cependant MM. Toullier, Duranton et autres jurisconsultes, qui se sont
occupés de la matière, enseignent, d'après
Pothier, que ce lien indivisible n'affecte point
les dommages-intérêts, résultant d'une dette
indivisible que le débiteur refuse d'exécuter:
essaient-ils du moins de justifier un tel résultat ?

Ils n'y voient pas même une difficulté, et se
contentent de renvoyer au *Traité de Pothier,*
pour plus ample explication ; ils adoptent complètement les principes qui suivent (1) : « si,

---

(1) *Voyez* Pothier, *Traité des Obligations*, IIe partie,
pages 313-314.

sur la demande de toute la chose indivisible, que l'un de mes héritiers aura donnée contre le débiteur, ce débiteur, faute d'exécuter son obligation, est condamné en des dommages-intérêts, il ne pourra l'être envers cet héritier que pour la part dont il est héritier ; car, quoique créancier de toute la chose, il n'en est néanmoins créancier que comme mon héritier pour partie. S'il a le droit de demander toute la chose, c'est que la chose demandée pour partie n'en était pas susceptible ; mais l'obligation de cette chose indivisible se convertissant, par l'inexécution, en une obligation de dommages-intérêts, laquelle est divisible, mon héritier ne peut prétendre, dans lesdits dommages et intérêts, que la part pour laquelle il est héritier. »

On ne *doit la totalité que parce que l'on peut devoir une partie* ; nous l'avons avoué et nous le concédons encore. Mais quelle que soit la cause de cette *dette en totalité* il demeure constant que l'on doit la totalité de la même manière que si on avait contracté seul. Dès-lors, il est insignifiant que les dommages-intérêts puissent se diviser ; la dette d'une totalité ne peut pas devenir la dette d'une partie. Le caractère qui affecte l'obligation, l'indivisibilité, doit rester attaché à cette obligation. Le refus d'exécuter, de la part du débiteur, suffirait-il pour briser ce caractère, et pour affranchir l'obligé? Les dommages-intérêts ne sont pas une obligation nouvelle, indépendante de la première : ils ne sont qu'une obligation accessoire, participant de la nature de l'obligation principale ; ou, pour parler plus profondément, ils sont le seul mode d'exécution possible du contrat primitif. On n'alléguera pas, en effet, qu'un débiteur se décharge de son obligation, par un simple refus de la remplir ; il est des objets que l'on ne contraint point à livrer ou à faire : ces objets ne sont point dûs, et le débiteur en est rigoureusement tenu ; seulement l'exécution de l'obligation se fait sous la forme de *dommages-intérêts.*

Si les dommages-intérêts ne sont qu'une forme d'exécution, ils n'attaquent point la nature de l'obligation qui est toujours *indivisible*; et l'exécution doit avoir lieu selon cette nature de l'obligation, c'est-à-dire indivisiblement. Que les dommages-intérêts soient d'ailleurs considérés comme une pure forme d'exécution, ou qu'ils le soient comme une *obligation*, il est impossible qu'ils soient divisibles. Dans la solidarité, chacun des débiteurs est aussi tenu de la totalité; il ne s'est porté solidaire que pour l'obligation que l'on refuse d'exécuter; et pourtant il devra solidairement les dommages-intérêts. On a stipulé la solidarité, et l'on n'a pas eu besoin de stipuler l'indivisibilité, parce qu'elle était dans la nature de l'objet stipulé. *Il n'y a solidarité que parce qu'on l'a stipulée* ; pourquoi n'en conclut-on pas qu'elle ne doit point s'étendre aux dommages-intérêts , sur le motif qu'elle n'aurait point été stipulée pour ces dommages-intérêts? Ce serait exactement la conséquence, que l'on veut induire, de ce que les dommages-intérêts d'une obligation indivisible sont eux-mêmes divisibles, on repousse l'absurdité dans un cas; on la soutient dans l'autre.

La différence entre la solidarité et l'indivisibilité résulterait-elle de ce que le débiteur solidaire doit pour un autre, tandis que le débiteur indivisible doit pour lui, et serait-on moins rigoureusement tenu de la chose promise pour des étrangers que de la chose promise en son nom personnel ? Il est facile de remonter à l'origine de l'erreur ; on reconnaît que le débiteur indivisible doit la totalité, dans les termes, et on le regarde, dans la réalité, comme un débiteur partiel. On ne veut pas imaginer que *l'impossibilité des parties* fasse la dette de l'objet tout entière ; on admet seulement qu'il y a *impossibilité des parties*, et que l'on n'est en droit de *demander la totalité*, que parce qu'on ne peut demander une portion. Cela reviendrait à *une exécution indivisible*;

la dette ne serait comprise entière que dans le *fait*, nullement dans le droit. L'impossibilité, dont on parle, n'aurait point la force de qualifier l'obligation indivisible, de constituer la nature de cette obligation, de rendre en un mot, le débiteur réellement *débiteur de la totalité*. On l'a bien senti; l'argument de la nature spéciale des dommages-intérêts n'a pas inspiré à ses auteurs une grande confiance; il était par trop contraire à toutes les notions, qu'un débiteur fût à-la-fois débiteur d'une partie et débiteur d'une totalité : les dommages-intérêts devaient nécessairement suivre la condition de l'obligation primitive.

Il est vrai que l'on n'a pas osé dire explicitement que le débiteur indivisible ne fût pas débiteur de la *chose entière* ; mais un adage recouvert des voiles d'une langue étrangère a été d'un secours merveilleux. Pothier l'emprunte à Dumoulin, qui, lui-même, l'avait sans doute pris dans quelques-uns de ces profonds Recueils d'Antinomies; *aliud est debere totum, aliud est debere totaliter.* C'est de l'obligation en elle-même que l'on parle, c'est sa nature que l'on veut altérer, c'est vraiment ici que se concentre la discussion. Le débiteur indivisible doit *totum*, la chose entière, il ne la doit pas *totaliter*, totalement. Malgré tous nos efforts pour comprendre la distinction, nous n'y sommes point arrivés ; nous avons eu beau feuilleter le *Digeste* et ses interprètes, la vieille Jurisprudence et ses Commentaires, la moindre trace d'un double sens ne nous est point apparue.

Le débiteur indivisible ne doit pas totalement, *totaliter* ! Veut-on dire qu'il ne doit pas, comme s'il avait contracté seul ? Apparemment, puisque l'on suppose que le débiteur solidaire doit *totaliter*, totalement. Eh bien ! on avance, par cela seul, qu'il ne doit pas toute la dette; il n'y a pas deux manières de devoir une chose entière. Il n'y a aucune nuance possible entre la dette indivisible et la dette solidaire, quant à son étendue à l'égard du créancier ; et le débat n'est que sur ce rapport. Le débiteur solidaire ne doit pas la totalité, par la même cause que le débiteur indivisible ; mais ils doivent tous deux la *totalité*. Evidemment, on en revient à dire que le débiteur indivisible ne doit pas la chose entière ; que *le créancier ne la demande entière* que parce que, dans le fait, le débiteur ne peut la livrer ou l'accomplir en partie; que cette impossibilité de fait venant à cesser, tout se passe selon la nature de l'obligation elle-même qui reste divisible. Il n'est pas difficile alors d'établir la divisibilité des dommages-intérêts ; on a commencé par supposer la *divisibilité* de l'obligation ; c'est cette divisibilité qui est opposée à tous les principes , aux art. 1222 - 1224 : c'est cette divisibilité qu'il aurait fallu prouver.

Quoi qu'il en soit, cet inconcevable adage *Aliud est debere totum , aliud est debere totaliter*, ne peut fournir aujourd'hui le plus frêle appui ; la loi déclare qu'il n'y a aucune différence entre les deux dettes, *tota* et *totaliter*, elle déclare formellement que le débiteur solidaire ne doit pas d'une autre manière que le débiteur indivisible. Pothier disait : « A l'égard de plusieurs créanciers ou de plusieurs héritiers d'un créancier d'une chose indivisible ; ils sont créanciers du total, *singulis solidum debetur;* mais ils ne le sont pas *totaliter*, comme le sont des créanciers *solidaires* , qu'on appelle *correi credendi :* et *aliud est pluribus deberi idem in solidum , aliud obligationem esse individuam* (1). » L'art. 1222 porte : « Chacun de ceux qui ont contracté conjointement une dette indivisible , en est tenu pour le total , encore que l'obligation n'ait pas été contractée solidairement. » L'indivisibilité et la solidarité sont donc le même mode d'obligation ; le créancier solidaire a droit à la totalité , parce qu'il y a une espèce de cautionnement de chacun

____

(1) *Voyez* Pothier , p. 312.

des débiteurs pour les autres : c'est une relation personnelle qui produit la dette de la totalité ; le créancier indivisible a droit à la chose entière , parce qu'il y a une continuité absolue entre les parties de cette chose , parce que cette chose n'existe qu'*entière*. Que la relation vienne de la volonté , ou qu'elle soit dans l'essence de l'objet promis ; les débiteurs doivent toute la chose , ils sont tenus pour la totalité.

Il faut nier l'art. 1222 , ou renoncer à tous les subterfuges ; vous convenez que le débiteur solidaire doit les dommages-intérêts dans leur totalité ; la conséquence est immédiate et forcée, le débiteur indivisible doit comme lui ; il est donc tenu de tous les dommages-intérêts. Cette obligation, ou cette forme d'exécution , quelque nom qu'on lui donne, n'est donc point divisible.

Le second paragraphe de l'art. 1224 n'est-il pas l'expression la plus positive de ce résultat ? On y suppose *la chose évaluée* comme elle doit l'être pour la fixation des dommages ; là, il ne s'agit plus que d'argent , que d'une chose certainement divisible par elle-même. Croit-on que la nature de l'obligation ne prédomine pas toujours ; que l'argent , divisible par sa nature, ne soit pas indivisible comme objet du contrat, comme représentant ou remplissant un *objet indivisible ?* « Chaque héritier du créancier ne peut seul faire la remise.......; il ne peut recevoir seul *le prix au lieu de la chose.* Si l'un des héritiers a seul remis..... ou *reçu le prix de la chose*, son co-héritier ne peut demander la chose indivisible que..... » Remarquez la précaution avec laquelle le législateur individualise chacun des débiteurs; il ne dit pas que *l'on peut faire*..... ou recevoir *le prix de sa portion dans la chose;* ç'aurait été supposer des parties dans l'obligation *résolue en argent*, tandis qu'elle conserve sa nature indivisible. Le prix, comme la chose, est frappé d'indivisibilité; recevoir une partie, est un acte incompatible avec un objet indivisible. Ce n'est que par une considération d'équité, que le débiteur, qui aurait donné à un créancier une partie du prix, en serait remboursé. Et que l'on n'objecte pas que l'art. 1224 est uniquement relatif à la position des autres créanciers; cette position n'a aucune influence dans le cas précédent, puisqu'ils subissent la condition la plus dure : on ne voit que la force de l'indivisibilité régissant cette hypothèse. Les dommages-intérêts, ou le prix, sont donc aussi insusceptibles de division, que l'objet réel du contrat.

Mais, à quoi bon citer des textes et enchaîner des déductions? Il semble que, dans cette matière ardue, l'on dédaigne les instrumens ordinaires, la raison comme impuissante, et les principes comme des guides trop vulgaires.

On aperçoit que les dommages-intérêts des obligations de l'art. 1221, seraient parfaitement divisibles. L'obligation en elle-même est divisible; l'indivisibilité ne porte que sur les actes qui doivent produire l'exécution. Si ces actes viennent à changer, si l'exécution n'est plus la même, il n'y a plus rien d'indivisible; l'exécution doit, au contraire, suivre la nature divisible de l'obligation. L'indivisibilité restreinte de l'article 1221 repose sur l'intérêt que peuvent avoir les parties à ce que tel objet promis soit livré ou accompli indivisiblement; cet intérêt se rattache aux rapports divers de cet objet, et disparaît si ce n'est pas l'objet lui-même qu'on livre ou que l'on accomplit. On n'a pas prévu, en contractant, que l'obligation ne serait point réellement exécutée, qu'il faudrait se contenter de dommages-intérêts; ce n'est pas une somme d'argent que l'on a voulu avoir d'une manière indivisible, c'est seulement la *véritable chose* stipulée matériellement dans le contrat, que l'on voulait être exécutée sans possibilité de division. Où s'arrête la volonté des contractans, là doit s'arrêter l'indivisibilité; car l'obligation est divisible par sa nature; il n'y a indivisibilité sur un point que par la convention expresse ou présumée.

C'est le même principe qui assigne des effets si opposés aux obligations des art. 1217-1218, et à celles de l'art. 1221 ; *l'exécution doit se faire d'après la nature du contrat ;* indivisiblement, s'il est indivisible ; divisiblement s'il est divisible. Les modes d'exécution changent en vain, si l'obligation est indivisible ; chacun de ces modes, et les dommages-intérêts sont saisis par l'indivisibilité : dans le contrat divisible, tous les modes d'exécution sont divisibles, et par conséquent les dommages-intérêts l'exception pour un mode doit être sévèrement restreinte dans ses limites.

Chacun des débiteurs indivisibles ne serait pas vraiment tenu pour la totalité, si un débiteur assigné pouvait s'opposer à toute condamnation individuelle, et demander que le créancier s'adressât à tous les débiteurs à-la-fois. Cependant on a cru trouver, dans l'article 1225, ce droit du débiteur indivisible, de repousser la demande totale du créancier. C'est faute d'avoir assez approfondi la nature de l'obligation indivisible. Nous avons dit qu'il n'y avait aucune relation personnelle, aucun lien de responsabilité entre les codébiteurs d'une telle dette ; les codébiteurs sont donc aussi distincts que les débiteurs d'une dette divisible ; l'un n'est point réputé agir pour l'autre. Le créancier a bien le droit d'en traduire un seul en jugement ; mais si, par suite de cette assignation, le débiteur livrait ou accomplissait la chose, et qu'il recourût ensuite sur ses codébiteurs, que pourrait-il leur demander ? qu'aurait-il à leur opposer ?

Sans doute, chacun des débiteurs doit la chose, et, ayant été libéré de sa dette par un individu quelconque, il s'est formé entr'eux un quasi contrat, duquel il résulte que le débiteur doit tenir compte de tout ce qui lui a profité. Mais, il est facile de remarquer combien il importe au codébiteur, qui a acquitté l'obligation, de ne pas rester vis-à-vis de ses codébiteurs, dans les termes trop vagues d'un quasi-contrat. Un exemple va tout éclaircir : Plusieurs personnes se sont engagées à faire un voyage à Rome ; ce voyage avait un but évaluable en argent; un débiteur est poursuivi, et va à Rome. Ce débiteur viendra-t-il réclamer les dépenses nécessitées par le voyage ? on lui répondrait que les autres codébiteurs n'ont point consenti à faire le voyage ; qu'assignés, ils auraient refusé d'aller à Rome, que leur obligation se résolvait alors en dommages-intérêts, lesquels devaient être fixés d'après la perte occasionée au créancier. Et supposons cette perte moindre que les frais du voyage ; le codébiteur indivisible ne sera jamais remboursé de ses dépenses, il sera nécessairement froissé dans ses intérêts.

En vain alléguerait-il qu'il n'a pas payé les dommages-intérêts, mais qu'il a exécuté l'obligation d'après le mode ordinaire et plus réel. Il n'avait ni droit ni mission d'agir pour ses co-débiteurs ; il devait la totalité, il a acquitté la totalité, il n'a agi que pour lui. Il n'en est pas ici comme dans l'obligation solidaire, où chacun a le mandat des autres ; en payant, le codébiteur solidaire paie pour ses codébiteurs, il agit pour eux. Il est donc dans l'essence de l'obligation indivisible que l'on doive la totalité, et qu'on la doive pour soi ; il est dans l'essence de l'obligation solidaire qu'on doive la totalité, mais non que l'on en soit tenu pour son propre compte : l'action du codébiteur indivisible contre ses codébiteurs ne peut donc pas reposer sur ce qu'il a fait ; l'exécution est un acte étranger pour eux : ce qui fonde cette action, c'est la libération des autres codébiteurs, contre lesquels existerait l'obligation primitive. Mais, si cette obligation existait contre eux, elle existerait dans toute sa latitude ; le créancier, en dernière analyse, ne pourrait les faire condamner qu'à des dommages-intérêts ; ils n'ont conséquemment été libérés que de ces dommages-intérêts, et c'est à cela que se réduit le droit du débiteur indivisible, qui a fait le voyage de Rome.

Ainsi l'on voit, qu'après avoir exécuté l'obligation, le débiteur indivisible serait sans moyen d'obtenir une véritable indemnité ; s'il a livré la chose, on pourra ne lui donner qu'une part dans les dommages-intérêts : s'il avait payé les dommages , on voudrait peut-être livrer la chose.

Nous n'avons supposé que des obligations dont la loi n'assure pas l'exécution par une contrainte réelle , parce que les obligations indivisibles sont presque toutes de cette espéce. Du reste , le même inconvénient se reproduit dans les autres contrats; les codébiteurs indivisibles ne seront jamais soumis à ce qu'aura fait leur codébiteur, il s'agira toujours de savoir s'il a exécuté de la manière la plus convenable : contre eux il n'existera , avant comme après l'exécution , que le contrat dans toute sa généralité. Pour la clarté de la discussion, que l'on éloigne les cas particuliers , que l'on fixe seulement l'hypothèse précédemment établie.

Un pareil état de choses exigeait une régle qui conciliât à-la-fois les droits du créancier indivisible et l'obligation des débiteurs indivisibles, les droits du débiteur qui aurait exécuté et de ceux qui seraient restés étrangers à l'exécution. Le créancier ne pouvait pas être forcé de s'adresser à plusieurs débiteurs ; c'eût été violer la nature du contrat. Le débiteur attaqué ne pouvait pas exécuter, comme s'il n'eût existé aucune relation entre lui et ses codébiteurs, sans s'exposer à d'énormes préjudices ; l'art. 1225 lui permet d'appeler en cause ses coobligés. Cet appel est une espèce de sommation qui les constitue responsables de ce que fera leur codébiteur ; c'est un moyen d'assurer un recours réel, contre les débiteurs qui n'ont pas été poursuivis. Par leur présence dans la cause, il sera constaté qu'ils ont voulu accomplir le *voyage à Rome*, si Titius consent à faire ce voyage, s'ils ne réclament point contre cette volonté de Titius ; par leur silence, le codébiteur semble obtenir leur mandat, il agit et exécute pour eux ; c'est un lien personnel que l'on a voulu établir dans les obligations indivisibles, à l'instar de celui qui existe dans les contrats solidaires.

Les codébiteurs n'auront point à se plaindre de ce que l'obligation aura été exécutée, puisqu'ils ont été instruits qu'elle le serait, et qu'ils n'ont rien fait pour l'empêcher. L'équité commandait impérieusement qu'ils fussent, par là même, réputés y avoir coopéré. S'ils voyaient, sans s'y opposer, leur codébiteur se laisser condamner aux dommages - intérêts, ils seraient encore censés avoir voulu cette résolution de l'obligation primitive. Alors, le codébiteur appuiera son action non plus sur un quasi-contrat, non plus sur une libération accomplie ; mais sur les termes de son engagement avec ses codébiteurs , mais sur un véritable mandat qu'il a reçu d'agir pour eux. Le droit sera précis, il portera exactement sur ce qui aura été fait et exécuté ; le codébiteur sera remboursé intégralement, et tout préjudice disparaît. D'un autre côté , le créancier ne s'est vraiment adressé qu'à un seul codébiteur ; son action n'a point été divisée , et les principes sont respectés : telle est la règle écrite dans l'art. 1225 (1).

---

(1) Dans l'appel des codébiteurs indivisibles , il ne faudrait pas voir une demande ordinaire de garantie : un garant tient compte de tout ce qui a été fait légalement , même sans avoir été personnellement mis en cause; les codébiteurs doivent être appelés pour que l'on puisse leur imputer ce qui a été fait. Entre le garant et le garanti , il y a un lien personnel ; entre les codébiteurs indivisibles , il n'en existe aucun. Lorsque le garanti a rempli ce à quoi il était obligé , il a contre son garant un recours exact pour tout ce qu'il a fait , et ce recours est de toute nécessité ; lorsque le codébiteur a exécuté ce contrat, les codébiteurs mis en cause ont pu, par une réclamation, s'affranchir d'une responsabilité rigoureuse. La relation personnelle que l'art.1225 veut établir entre le codébiteur attaqué et les codébiteurs non poursuivis , existe déjà entre le garant et le garanti , elle existe partout ailleurs où plusieurs personnes doivent une même chose ; elle est dans la nature même de ces obligations : la forme de *mise en cause* dans l'art. 1225 ne peut donc ressembler en rien à aucune autre forme.

Il n'existe pas de lien personnel entre les créanciers indivisibles ; et il n'y avait aucune raison pour en établir. L'obligation est éteinte, puisque la totalité est acquittée, et nulle demande n'est plus possible. Les créanciers n'ont droit qu'à l'objet matériellement promis, ou aux dommages-intérêts, ils n'ont droit qu'à une exécution quelconque ; ils n'ont point d'option à faire ; ils n'auront jamais de plaintes à élever sur la manière dont l'obligation aura été accomplie. Et quelle différence, d'ailleurs, entre la position d'un créancier et celle d'un débiteur !

Voudrait-on s'attacher sérieusement à un mot de l'art. 1225, qui pourrait sembler opposé au système que nous venons d'exposer, « à moins que la dette ne soit de nature à ne pouvoir être acquittée que par l'héritier assigné, qui peut alors être condamné *seul*..... ? » A quoi correspond ce mot *seul* ? à la condamnation de tous les débiteurs ou à leur mise en cause ? Il peut se rapporter également à l'un ou à l'autre de ces faits. Nécessité d'en revenir à la question de savoir pourquoi les débiteurs ont été mis en cause ; et nous croyons l'avoir résolue precédemment. Si l'art. 1225 institue entre les débiteurs une garantie, forme un lien personnel ; il ne s'agit point de condamnation. Un cas unique est énoncé, où le codébiteur

sera poursuivi *seul* , et condamné ; dans ce cas ,
le lien personnel est formé , le mandat est écrit
dans la nécessité des choses : l'appel des codébiteurs était superflu. L'obligation ne pouvait être
acquittée que par un des débiteurs : cette condition s'impose à tous. Qu'aurait signifié un
consentement portant que ce débiteur pouvait
exécuter seul ? La nature du contrat serait-elle
moins puissante qu'une autorisation ?

Enfin, y eût-il quelque doute ; une obscurité
de détail prévaudra-t-elle contre l'évidence des
principes généraux ? Un mot équivoque suffira-
t-il pour renverser des textes formels ? S'il y a
obligation indivisible , si chaque débiteur est
tenu de *la totalité* , aux termes de l'art. 1222 ;
comment est-il possible que ce débiteur ne soit
contraignable que pour une partie ? Qu'est-ce
qu'un contrat sans exécution possible ? Est-ce
autre chose qu'une déception légale ? Si un
créancier n'est point assujetti à former sa demande contre plusieurs débiteurs , comment
se trouve-t-il réduit à les faire condamner
tous ? N'est-ce pas effacer l'art. 1224 , et écrire
une formule diamétralement opposée ?

Nous sommes peu sensibles à cette argumentation de vraisemblance , qui consisterait à dire :
Pothier n'enseigne point la théorie précédente ,
il croit que la condamnation a lieu contre tous
les débiteurs ; et les rédacteurs du Code civil

ont souvent puisé dans le Traité de Pothier,
pour constituer le régime des obligations indivisibles ; il est naturel qu'ils aient adopté les
opinions de cet illustre jurisconsulte. N'est-il pas
plus vraisemblable encore qu'ils n'ont point
voulu renverser toutes les notions premières,
et les principes qu'ils avaient eux-mêmes posés ? Si les obligations indivisibles ont été jusqu'ici, de l'aveu de M. Toullier, enveloppées
d'une telle obscurité et de telles contradictions, que les plus fortes têtes, les plus savans
commentateurs n'aient réussi ni à les comprendre ni à les expliquer, est-il possible de
consacrer législativement les ténèbres et les
contradictions ? Nos législateurs n'ont-ils pas
dû repousser toutes les vieilles traditions d'un
droit inintelligible, et chercher à recomposer
un système lié et raisonnable ? Pour nous, nous
croyons qu'il vaudrait mieux renouer quelques
chaînons épars, que de rassembler, sans pouvoir
les joindre, tous ceux que nous ont légués le
droit romain et l'ancienne jurisprudence ; les
textes du Code fussent-ils même incomplets,
il ne resterait encore de possible que leur exacte
combinaison. Mais, si des opinions contraires
aux principes formellement consignés dans la
loi, s'imposaient à la science et au jurisconsulte, il faudrait briser sa plume, et renoncer
à toute interprétation des lois civiles.

Dans un contrat quelconque, la clause pénale est une obligation séparée et indépendante ; elle ne représente pas l'obligation primitive, elle ne participe point à sa nature ; différente en cela des dommages-intérêts, qui ne sont qu'un mode d'exécution, qui sont toujours empreints de la nature de l'obligation principale. Aussi les art. 1232-1233 nous présentent-ils les débiteurs d'une dette indivisible, débiteurs divisibles de la clause pénale, comme les débiteurs d'une dette divisible. L'indivisibilité n'affectant que la première obligation, il est tout simple que la seconde soit régie par les principes de la divisibilité, qu'elle soit divisée entre les divers codébiteurs, selon la part pour laquelle ils ont contracté.

Si la clause pénale peut être exigée entière du contrevenant, ce n'est point parce que la première obligation était indivisible, dans l'hypothèse de l'art. 1232 ; puisque, dans l'art. 1233, IIe paragr., l'obligation primitive est parfaitement divisible, et que le contrevenant devra acquitter en entier la clause pénale. Si la clause pénale revêtait la nature indivisible de la première obligation, elle devrait aussi revêtir la nature divisible de cette obligation. En un mot, si l'on nous opposait l'art. 1232, nous répondrions par l'art. 1233. Quelques exceptions ont été faites à la divisibilité de la clause pénale ;

elles sont étrangères au système général de l'indivisibilité : elles attestent seulement combien est faux ce principe, que la chose doit être demandée séparément contre chacun des codébiteurs, lorsque cette séparation n'est pas impossible. Et si la doctrine de Pothier, consacrée par toutes les autorités modernes, n'était pas déjà complétement détruite; nous trouverions plusieurs élémens décisifs dans les articles 1232-1233.

Les effets de l'indivisibilité restreinte ou exceptionnelle de l'art. 1221 sont connus par cela même que l'indivisibilité absolue a été analysée; ces effets se bornent à un point, mais, sur ce point, les lois générales de l'indivisibilité sont rigoureusement applicables.

Les bornes de cet ouvrage ne nous permettent pas d'entrer dans la discussion des difficultés particulières qui s'élèvent sur telles ou telles obligations indivisibles. La plupart de ces difficultés se rattachent d'ailleurs à d'autres matières, quoiqu'on les ait placées sous la loi de l'indivisibilité, dans des traités récens : et, par exemple, comment résoudre la question de savoir, si l'héritier peut être chargé, par le défunt, de toute l'obligation ? comment la résoudre, dis-je, sans se pénétrer des principes sur les successions ? M. Duranton l'examine et la décide pourtant sous l'art. 1221. Pour les

difficultés qui naisseut vraiment de l'indivisibilité , les principes précédens suffisent; une
fois bien conçus, toutes les hypothéses spéciales viennent d'elles-mêmes se soumettre à
leur empire ; tous les faits concourent à leur
confirmation et à leur développement. Ce qu'il
y avait d'important à établir , c'est que les
obligations indivisibles de l'art. 1218 ne se
confoudent pas avec les obligations divisibles
de l'art. 1221 ; c'est que les obligations des articles 1217-1218 sont identiques. Ce qu'il fallait
connaître , c'est la nature de l'indivisibilité ,
son existence et les lois générales. Nous avons
essayé de combiner les textes peu nombreux
qui existent, de déduire les conséquences qu'ils
fournissent, d'exposer la théorie qu'ils forment.

ART. 1319 - 1322—1341—1348.

ART. 8 ET 71 DU CODE D'INST. CRIM.

ART. 1er DU CODE PÉNAL.

—

JE n'ai pas l'intention de présenter les hypothèses couvertes par l'exception de l'art. 1348 ;
elles sont clairement exprimées dans le texte
de cette disposition. Je ne veux pas même développer tous les faits que l'on a voulu faire rentrer dans l'art. 1348, et qu'il n'a jamais compris ; plusieurs sont susceptibles d'être prouvés
par témoins, quoique l'on ne doive pas leur
appliquer la loi invoquée ; et l'erreur, dès-lors,
n'a pas assez d'importance pour trouver ici sa
place et sa réfutation. Mais il est des faits restés
sous l'empire de la règle générale, et que l'on
a prétendu affranchir de la *preuve écrite ;* il
faudra apprécier ces faits, et juger de la légalité
de cette prétention. Et, comme les principes
de droit civil sont, en matière de *preuve*, intimement liés aux doctrines de nos juriscon-

sultes (1), sur un point de droit criminel, je serai obligé d'approfondir ce point.

Toutefois, j'ai besoin de dire un mot sur l'étrange confusion que l'on a mise dans les objets à constater. De tous les jurisconsultes, M. Duranton est celui qui a le plus complètement méconnu les différences; il n'a pas aperçu la plus légère nuance entre les faits relatifs à la *convention*, et ceux relatifs à l'*acte* : il n'a pas vu qu'en prouvant le dol, la violence, l'erreur dont la *convention* était infectée, il ne prouvait point contre la foi due à l'*acte;* et qu'en constatant un dol, une violence, une erreur imprimés à l'*acte lui même*, il déniait la foi de cet *acte*, il prouvait directement contre la foi due à l'*acte*. Aussi, M. Duranton attaque-t-il les arrêts qui ont refusé d'annuler des *actes*, comme s'ils avaient refusé d'annuler des *con-*

---

(1) Dans l'esprit de la loi civile comme dans l'esprit de la loi criminelle, il existe une séparation complète et nécessaire sur les moyens de *constater* aussi bien que sur toutes les autres *relations* : le Code civil et le Code criminel ont, chacun, leurs principes distincts et propres. La liaison n'existe que dans la tête des Commentateurs; mais elle y est à un tel point, que notre théorie eût été incomplète et vicieuse, si nous n'eussions pas embrassé la preuve testimoniale et dans le droit civil et dans le droit des pénalités.

ventions, pour les causes précédemment rappelées ; aussi voit-il, dans l'observation de l'article 1341 , la violation des art. 1109-1116-
1117-1153. Cependant , rien n'est plus facile
à concilier que ces textes; et l'arrêt du 13 fructidor an XII , qui s'appuie sur l'art. 1341 , ne
touche pas les autres dispositions.

Cet arrêt de cassation porte : « Considé-
» rant qu'aux termes de l'art. 1341 du code
» civil, la preuve testimoniale ne peut pas être
» admise contre un acte par écrit, à moins
» qu'il ne soit attaqué pour dol qualifié , et
» pour des faits constituant un véritable délit
» soumis à la vindicte publique, et qui aient
» été la cause productive de l'acte.........»
Evidemment il ne s'agit que des faits à
établir contre l'acte , et la cour suprême ne
dit rien de ceux qui restent en dehors de cet
acte. Voici comment M. Duranton(1)généralise
la doctrine de l'arrêt..... « Toutes les fois
» qu'il n'y aurait pas lieu à faire tomber l'acte
» par voie de police correctionnelle, la fraude
» aurait un plein succès , si l'on n'avait une
» preuve écrite pour la combattre. N'est-ce pas,
» d'ailleurs, une contradiction que de recon-
» naître, d'une part, les tribunaux civils comme
» seuls compétens des cas de fraude , lors-

____

(1) *Voy*. p. 80. t. 4. des *Oblig* de M. Duranton.

» quelle ne constitue pas un délit, et en même
» temps reconnaître, d'après les art. 1116 et
» 1304, que les actes entachés de dol peuvent
» être attaqués pour cette cause ; et d'autre
» part, refuser l'admission du seul genre de
» preuve que, dans la plupart des cas, puisse
» avoir la partie lésée ? »

La forme littérale des conventions n'embrasse pas les vices intrinsèques qu'elles peuvent recéler ; la nature de ces vices internes et cachés s'y oppose ; on reconnaît même la convention, en constatant qu'elle est vicieuse. La forme littérale atteste l'existence du contrat, et l'on respecte cette existence du contrat ; mais existe-t-il entaché de tel ou tel fait ? C'est une question qui ne touche pas la forme probante, qui est tout-à-fait en dehors de la loi des actes. L'art. 1348 ne permet pas la preuve de ces vices ; mais aussi il ne la proscrit point par l'art. 1341 ; pour eux il n'y a ni prohibition générale, ni permission exceptionnelle. Comme ils ne pouvaient pas, à cause de leur nature particulière, être assujettis à la preuve écrite, il a toujours été bien entendu qu'on les constaterait par témoins ; et c'est ce que supposent les art. 1109, 1116, 1117, 1353. Ces faits, d'ailleurs, ne sont ni des conventions, ni des élémens de convention ; et ce n'est que par rapport à ces élé-

mens que la preuve littérale a été imposée ;
il était superflu de les placer dans une exception précise à l'art. 1341 : on les constatera par
tous les modes possibles puisqu'ils ne sont
l'objet d'aucune prohibition.

Mais si l'on prétend trouver, dans l'acte lui-
même, dans son existence comme preuve, un
vice de simulation, d'erreur, de violence, etc.,
on révoque en doute la réalité de la convention ; on veut rétablir qu'elle n'a jamais
existé, et qu'ainsi il ne faut point ajouter foi
à l'acte qui la constate. Ces faits rentrent dans
l'art. 1341, et l'on doit se demander si l'article 1348 ne les couvre pas quelquefois du
privilége de l'exception ; ces faits appliqués
au *contrat,* ne peuvent pas faire naître la même
question. Tels sont partout les objets que
M. Duranton a confondus de la manière la
plus absolue, et sur lesquels MM. Toullier (1)
et Merlin (2) sont bien loin de la netteté habituelle de leurs doctrines.

Maintenant que le terrain est déblayé, on
voit parfaitement les difficultés qui s'élèvent ;
tels ou tels faits sont-ils compris dans la disposition de l'art. 1348 ? échappent-ils à la prohibition rigoureuse de l'art. 1341 ? Pour ré-

____

(1) *Voy.* t. 9 du Traité.
(2) *Voy.* les *Quest. de droit. Loc. cit.*

pondre, il ne fallait interroger que ces deux
textes ; leurs termes sont positifs et leur rédaction est lumineuse. On s'est adressé à
d'autres autorités, et j'avoue que leur réponse
est merveilleusement accommodée à la situation : il y a du bonheur dans un tel résultat.
On ne pouvait pas avancer que la simulation,
la violence,.... se constateraient par témoins,
contre la foi due aux actes ; cette déclaration
explicite était en opposition trop manifeste avec
l'art. 1348. Au fond on ne voulait pas même
aller jusque-là ; seulement on se proposait
d'élargir la disposition de cet art. 1348. Au lieu
de détailler les faits susceptibles de la preuve
par témoins, Pothier les avait compris sous
un caractère général ; on s'en est emparé pour
voiler une extension illégale. C'est ce caractère
posé par Pothier, et développé par M. l'a-
vocat général Joly de Fleury, que MM. Toullier et Merlin (1) ont essayé de faire passer
dans le code, en le substituant au texte sévère
de l'art. 1348.

---

(1) M. Duranton répète la doctrine de ces deux jurisconsultes presque sans aucun développement, si ce n'est
une argumentation puisée dans des principes étrangers,
et que nous avons suffisamment séparés de ceux dont il
s'agit ici. Dès-lors, il était inutile de comprendre
M. Duranton dans ce débat.

Examinons donc ce caractére et ses développemens, ou plutôt cette nouvelle exception
à l'art. 1341. Voici le principe de Pothier : « Tou-
» tes les fois qu'il n'a pas été possiblede se pro-
» curer une preuve écrite, la preuve testimo-
» niale est admise ».

Ecoutons l'interprétation de M. Joly de
Fleury, reproduite et adoptée par M. Toullier dans son Traité, par M. le procureur-gé-
néral Merlin dans ses conclusions du 20 fructidor au 12. « On ne peut observer avec trop
» d'exactitude cette sage disposition de l'ar-
» ticle 54 de l'ordonnance de Moulins, renou-
» velée par l'ordonnance de 1667, touchant
» la preuve par témoins. Le danger était trop
» grand de soumettre à la déposition de té-
» moins souvent prévenus, quelquefois même
» corrompus, l'état et la fortune des hommes.
» Il a fallu que les lois, en excluant cette
» sorte de preuve, en introduisissent une autre
» qui fût moins suspecte ; c'est pour cette
» raison qu'elles ont ordonné, par une pre-
» miére disposition, qu'il serait passé des actes
» devant notaire ou sous seing-privé, de toutes
» choses excédant la somme de cent livres;
» et cette sûreté étant établie, elles ont vou-
» lu, par une seconde disposition, qu'il ne fût
» accordé aucune preuve par témoins con-

» tre et entre les contrats et autres actes. »

« *Mais cette dernière disposition est une*
» *suite et une conséquence nécessaire de la*
» *première ; et il est hors de doute que,*
» *lorsque la première disposition doit cesser ,*
» *la seconde ne peut subsister.* Or quand la
» loi a voulu qu'il fût passé des actes de toutes
» choses excédant la valeur de cent livres ,
» elle n'a pu certainement comprendre dans
» sa disposition que les choses dont on peut
» passer des actes, c'est-à-dire des choses qui
» tombent en convention, qui peuvent faire
» la matière d'un contrat. La loi , toujours sage
» dans ses dispositions , n'a pas voulu réduire
» les hommes à pratiquer une chose impos-
» sible : c'est pour cela que les choses qui ne
» peuvent se réduire par écrit, qui ne sont
» pas susceptibles de convention, n'ont jamais
» été comprises dans cette disposition ; tels
» sont les faits qui arrivent entre une ou plu-
» sieurs personnes, au préjudice d'un tiers
» qui n'a pu être partie ; tels sont, en particu-
» lier, tous les délits qui , bien loin de pou-
» voir faire la matière d'un acte, se com-
» mettent toujours avec la précaution du
» secret, sous le voile duquel on cherche à
» éviter la punition que les crimes peuvent
» mériter. Si, dans ce cas, il n'est pas pos-
» sible d'avoir des actes pour le prouver, et

» que *la première disposition de l'ordonnance
» puisse avoir lieu, on ne peut douter que
» la seconde disposition n'y ait aucune ap-
» plication ;* elle ne défend la preuve par té-
» moins, que parce qu'elle enjoint de passer
» des actes ; *elle ne peut donc la défendre
» dans les cas où il n'est pas possible d'a-
» voir cette sûreté.* » .....

L'art. 1341 du Code civil, *comme l'art.* 54
*de l'ordonnance de Moulins, comme l'ordon-
nance de* 1667 , renferme deux dispositions
bien distinctes : « il doit être passé acte de
» toutes choses excédant la valeur de...il n'est
» reçu aucune preuve par témoins contre et
outre le contenu aux actes...» On prétend que
l'ordonnance de Moulins et celle de 1667
entendaient excepter de ces deux dispositions
tous les faits *dont on n'avait pu se procurer une
preuve écrite* ; les faits constitutifs de la convention , de même que les faits destructifs de
la foi des actes. Nous ne le croyons pas, et peut-
être serait-il assez facile d'établir le contraire :
mais pourquoi entrer dans une discussion inutile ? Il nous suffit que l'art. 1348 du Code civil
repousse une pareille interprétation, pour dire
que l'on n'eût pas dû nous l'imposer comme une
légalité actuelle et impérieuse.

Si l'on veut en effet étudier les termes et
l'esprit de cet art. 1348 , on y trouvera une ex-

ception à *la preuve des conventions par actes*,
on n'en trouve aucune au principe qui défend
de rien établir, par enquête *contre et outre
le contenu aux actes*. Les termes sont formels ;
« elles reçoivent un cas d'exception toutes les
» fois qu'il n'a pas été possible au créancier
» de se procurer la preuve littérale de l'obli-
» gation qui a été contractée envers lui. » C'est
l'*obligation* seulement qu'il est permis de constater par témoins, dans certains cas prescrits ;
ici la forme testimoniale ne lutte point contre
la forme littérale : c'est un mode de constater
que l'on substitue à un mode devenu *impossible*. Quand on cherche, au contraire, à
prouver par témoins un fait destructif de la foi
de l'acte, il y a lutte entre deux formes, celle
des formes et des témoignages ; et comment
imaginer un combat là où une supériorité a
été reconnue et proclamée ? M. Joly de Fleury
l'a dit lui-même ; « il a fallu que les lois, en
» excluant la preuve testimoniale, en intro-
» duisissent une autre qui fût moins suspecte. »
En vain allègue-t-on l'*impossibilité* de se
procurer une preuve écrite, sur tel fait *contre
le contenu aux actes*, pour s'étayer de cet argument banal, *ubi est eadem ratio, ibi idem est jus*;
nous venons de faire remarquer une différence
essentielle, et un brocard prévaudrait-il contre
la précision des textes, contre un principe fonda-

mental en législation ? L'exception de l'art. 1348 ne porte point sur *les faits* qu'il est impossible de prouver par écrit ; il en est qui, frappés de cette *impossibilité*, n'ont point été compris dans l'exception de la forme testimoniale. Que l'on parcoure les quatre paragraphes de la disposition qui nous occupe, on n'y verra pas un seul fait destructif de l'acte ; et ces paragraphes sont destinés à détailler les faits que doit couvrir le privilége de *l'impossibilité*. La prohibition de l'art 1341 porte sur tout, excepté sur certaines obligations ; celles qui naissent des quasi-contrats, et des délits ou quasi-délits ; les dépôts nécessaires faits en cas d'incendie, ruine.... ; les obligations contractées en cas d'accidens imprévus, ...; les cas où le créancier a perdu son titre, par suite de force majeure... ; les faits de simulation, de dol, d'erreur, en tant qu'imprimés à l'acte, ne se trouvent nullement dans l'énumération de l'art 1348 ; tout fait opposé à la foi de l'acte reste sous la prohibition de l'art. 1341.

Il est donc faux de dire, avec Pothier et avec M. Joly de Fleury, que toutes les fois qu'il est impossible de se procurer une preuve littérale, la preuve par témoins est permise. Je vais le répéter encore ; il est des faits que l'on ne pourra jamais prouver par écrit, et qu'il est cependant défendu de prouver par témoins. La loi défend, dans les termes les plus sévères, la forme de l'enquête contre les actes ; et il n'y a pas d'exception, dans la loi, à cette règle impérieuse : en supposer une, c'est violer l'art. 1348, c'est méconnaître les principes les plus vulgaires sur tout régime exceptionnel. Ainsi, nous ne dirons pas, *si la première disposition de l'art. 1341 ne peut avoir lieu, on ne peut douter que la seconde disposition n'y ait aucune application :* car, la première disposition est limitée par l'article 1348, et la seconde n'a pas reçu de limitation. Dans cet art. 1348, on voit des obligations à constater, et non des contrats à détruire ; des actes à suppléer, et non une forme probante à anéantir. Faudra-t-il confondre des choses aussi distinctes, et créer des contradictions si palpables, pour justifier une vieille maxime des jurisconsultes? Est-on convenu de démolir pièce à pièce l'édifice de la législation nouvelle ? et n'était-ce pas assez de violenter le Code par l'ancien droit, sans lui imposer les brocards de l'école ?

Du reste, MM. Toullier et Merlin ont reculé devant les conséquences de leur principe ; la Cour de cassation elle-même, qui l'invoque et s'en appuie dans les termes de ces deux jurisconsultes, a constamment refusé de l'appliquer dans sa latitude. L'arrêt de fructidor an XII, les arrêts des 19 pluviôse an XIII, et 3 décembre 1807, une foule d'autres attestent que la Cour suprême n'admet point les faits de simulation, de fraude,........ contre la foi des actes ; et, chose étrange, MM. Toullier et Merlin suivent de point en point cette doctrine ; ils s'en sont formellement expliqués :

« Mais il faut remarquer que l'action ou l'ex-
» ception, fondée sur la violence ou la crainte,
» ne peut être exercée par la voie civile, lorsque
» la foi due aux actes s'y oppose.» TOULLIER. (1)

« Cependant, il y a une distinction essen-
» tielle à faire ; ou les faits de dol et de fraude,
» qui sont articulés contre un acte, portent ce
» caractère d'un faux proprement dit, ou ils
» peuvent être vrais, sans que la substance
« de l'acte en soit altérée. Au premier cas,
« point de preuve testimoniale, si celui qui
» demande à y être admis ne prend la voie de
» plainte en faux principal, ou l'inscription de
» faux incident. » MERLIN. (2)

On semble n'avoir soutenu un principe de droit *civil*, que pour l'appliquer au *criminel*; ou plutôt, il a fallu créer ce principe de droit civil, pour conserver quelque apparence de

---

(1) Voyez le *Traité* de M. Toullier, tome 9, p. 276.
(2) Voyez le *Répertoire* au mot *preuve*, section II, parag. 3, art. 1, n°. 23.

raison à une maxime écrite dans tous les Commentaires du droit criminel ; maxime fausse et mal comprise. Les criminalistes avaient dit ; il ne peut y avoir lieu à l'action criminelle, que dans les matières susceptibles de la preuve par témoins : et si le dol, la simulation, etc..... n'avaient pu se prouver contre les actes, par la forme testimoniale, tous ces faits n'auraient jamais dû être poursuivis criminellement, une foule de délits et de crimes restaient impunis, la société était sans force et les individus sans garantie. Un pareil résultat se condamnait de lui-même, on s'en est aperçu ; on a imaginé une preuve permise au *civil*, que l'on a cependant réservée pour le *criminel* ; la preuve testimoniale est autorisée, toutes les fois qu'il a été impossible de se procurer la forme littérale, or, il n'a pas été possible de se procurer cette dernière forme, dans le cas des délits ci-dessus mentionnés, donc ces délits peuvent être mentionnés par témoins : le syllogisme était tout prêt.

(La suite à la prochaine Livraison.)